财务管理与控制研究

刘 侃 樊 迪 罗建萍 ◎著

重庆出版集团 重庆出版社

图书在版编目(CIP)数据

财务管理与控制研究/刘侃,樊迪,罗建萍著. —重庆:重庆出版社,2022.9
ISBN 978-7-229-17125-4

Ⅰ.①财… Ⅱ.①刘… ②樊… ③罗… Ⅲ.①财务管理 Ⅳ.①F275

中国版本图书馆 CIP 数据核字(2022)第 167412 号

财务管理与控制研究
CAIWU GUANLI YU KONGZHI YANJIU
刘 侃 樊 迪 罗建萍 著

责任编辑：钟丽娟
责任校对：何建云
封面设计：白白古拉其

重庆出版集团 出版
重庆出版社

重庆市南岸区南滨路162号1幢 邮编：400061 http://www.cqph.com
北京四海锦诚印刷技术有限公司印刷
重庆出版集团图书发行有限公司发行
E-MAIL:fxchu@cqph.com 邮购电话:023-61520646
全国新华书店经销

开本:787mm×1092 mm 1/16 印张:11.75 字数:280千字
2023年6月第1版 2023年6月第1次印刷
ISBN 978-7-229-17125-4
定价:58.00元

如有印装质量问题,请向本集团图书发行有限公司调换:023-61520678

版权所有 侵权必究

前　言

随着我国经济发展的不断进步，企业财务活动的重要性得到了前所未有的重视，而这一切的基础，是对财务管理的概念有正确和深入的认识。财务管理是以资本为运作对象，利用价值形式对企业生产经营活动进行综合性管理的活动。如何合理地筹集资金、运用资金和分配资金，如何进行筹资决策、投资决策和分配决策是财务管理的基本内容；追求企业价值最大化或者说追求股东财富最大化，是财务管理的根本目标。企业管理的核心曾经从生产管理转变到市场管理，而今天，财务管理作为企业管理的核心地位已不可动摇。

财务管理是在一定的整体目标下，关于资产的购置（投资）、资本的融通（筹资）和经营中的现金流量（营运资金），以及利润分配的管理。财务管理是企业管理的一个组成部分，它是根据财经法规制度，按照财务管理的原则，组织企业财务活动，处理财务关系的一项经济管理工作。在现代企业管理当中，财务管理是一项涉及面广、综合性和制约性都很强的系统工程。它是通过价值形态对企业资金流动进行计划、决策和控制的综合性管理，是企业管理的核心内容。

在我国经济不断提升、国家大力提倡创新型发展的背景下，财务管理与会计工作也应当紧跟时代步伐，与时俱进。财务管理工作对于企业发展十分重要，从某种程度上而言，不仅影响和制约着企业的其他各项经营活动，而且决定着一个企业未来的发展和兴衰成败。财务管理是关键环节，任何一个环节出现的漏洞，可能都是重大风险，影响企业的发展。因此，加强企业财务管理控制的探究，对促进企业健康、稳定的可持续发展至关重要。本书首先分析了财务管理的基础知识与管理，例如营运资金管理、投资融资管理、收入与分配管理；其次探讨了高校财务的绩效与预算管理的内容；最后阐述了内部控制的要素与评价以及财务预算控制与分析等内容。本书条理清晰、结构严谨，希望其能够成为一本为相关研究提供参考和借鉴的专业学术著作，供人们阅读。

　　财务管理作为财经类专业的一门核心课程，应用广泛，兼具较强的理论性与实用性。随着社会经济的迅速发展，对于企业而言，企业外部环境变化迅速，市场竞争也日趋激烈，要求企业的财务管理人员既要熟练掌握传统财务管理的基本理念与方式，又要掌握国内外前沿性的财务管理理论与方法，以有效而实用的理论来指导财务管理的实践，并在实践中不断创新，以优化资源配置、提高资金使用效率、有效规避风险。

目 录

前言 ………………………………………………………………………… 1

第一章　财务管理概述 ……………………………………………………… 1
  第一节　财务管理的含义与目标……………………………………… 1
  第二节　财务管理的环节与环境……………………………………… 4
  第三节　财务管理的资金时间价值…………………………………… 12
  第四节　财务管理的投资风险价值…………………………………… 16

第二章　营运资金管理 ……………………………………………………… 20
  第一节　营运资金管理内涵…………………………………………… 20
  第二节　现金管理……………………………………………………… 22
  第三节　应收账款管理………………………………………………… 29
  第四节　存货管理……………………………………………………… 33
  第五节　流动负债管理………………………………………………… 39

第三章　投融资管理 ………………………………………………………… 45
  第一节　资本思维与运作……………………………………………… 45
  第二节　融资与投资管理……………………………………………… 47
  第三节　财报解读与投资分析………………………………………… 53
  第四节　营运资本管理与商业模式…………………………………… 61
  第五节　资本系族……………………………………………………… 64

第四章　收入与分配管理 …………………………………………………… 66
  第一节　收入与分配管理的含义……………………………………… 66

- 1 -

第二节 收入管理……………………………………………… 67
第三节 纳税管理……………………………………………… 74
第四节 分配管理……………………………………………… 86

第五章 财务绩效管理与创新……………………………………… 89
第一节 高校财务绩效的内涵………………………………… 89
第二节 高校财务绩效评估控制……………………………… 90
第三节 高校科研专项绩效评估……………………………… 102
第四节 高校财务绩效与管理制度创新……………………… 107

第六章 预算管理改革创新………………………………………… 110
第一节 高校预算管理的定义………………………………… 110
第二节 高校预算管理存在的问题…………………………… 112
第三节 高水平预算管理机制的路径………………………… 115

第七章 内部控制的要素…………………………………………… 125
第一节 企业治理控制………………………………………… 125
第二节 企业管理控制………………………………………… 130
第三节 企业文化……………………………………………… 132
第四节 内部控制的信息系统………………………………… 133

第八章 内部控制的演进与评价…………………………………… 135
第一节 内部控制的演进……………………………………… 135
第二节 内部控制整合框架的探讨…………………………… 144
第三节 内部控制的纵向比较………………………………… 148

第九章 财务预算控制与分析……………………………………… 149
第一节 财务预算的内涵与程序……………………………… 149
第二节 财务预算的编制与控制……………………………… 155
第三节 财务分析的知识与方法……………………………… 164
第四节 财务比率与综合分析………………………………… 170

参考文献……………………………………………………………… 181

第一章 财务管理概述

第一节 财务管理的含义与目标

一、财务管理的基本概念

财务，顾名思义是理财的事务，即企业再生产过程中的资金运动及其体现的财务关系。企业的资金运动过程总是与一定的财务活动相联系的，或者说，资金运动形式是通过一定的财务活动来实现的。从企业管理角度看，财务管理是指企业组织财务活动、处理财务关系的一项经济管理工作，它是企业管理的重要组成部分。

二、财务管理的目标

企业的目标就是创造价值。一般而言，企业财务管理的目标就是为企业创造价值服务。鉴于财务主要是从价值方面对企业的商品或服务提供过程实施管理，因而财务管理可为企业的价值创造发挥重要作用。

（一）企业财务管理目标

企业财务管理目标有如下几种代表性理论：

1. 利润最大化

利润最大化是指企业财务管理以实现利润最大为目标。

以利润最大化作为财务管理目标，其主要原因有三个：一是人类从事生产经营活动的目的是创造更多的剩余产品，在市场经济条件下，剩余产品的多少可以用利润这个指标来衡量；二是在自由竞争的资本市场中，资本的使用权最终属于获利最多的企业；三是只有每个企业都最大限度地创造利润，整个社会的财富才可能实现最大化，从而带动社会的进步和发展。

以利润最大化作为财务管理目标的主要优点是：企业追求利润最大化，就必须讲求经济核算，加强管理，改进技术，提高劳动生产率，降低产品成本。这些措施都有利于企业资源的合理配置，有利于企业整体经济效益的提高。

但是，以利润最大化作为财务管理目标也存在一些缺陷：①没有考虑利润实现时间和资金时间价值；②没有考虑风险问题。不同行业具有不同的风险，同等利润值在不同行业中的意义也不相同；③没有反映创造的利润与投入资本之间的关系；④可能导致企业短期财务决策倾向，影响企业长远发展。由于利润指标通常按年计算，因此企业决策也往往会服务于年度指标的完成或实现。

2. 股东财富最大化

股东财富最大化是指企业财务管理以实现股东财富最大为目标。在上市公司，股东财富是由其所拥有的股票数量和股票市场价格两方面决定的。在股票数量一定时，股票价格达到最高，股东财富也就达到最大。

3. 企业价值最大化

企业价值最大化是指企业财务管理以实现企业价值最大为目标。企业价值可以理解为企业所有者权益的市场价值，或者是企业所能创造的预计未来现金流量的现值。未来现金流量这一概念，包含了资金的时间价值和风险价值两个方面的因素，因为未来现金流量的预测包含了不确定性和风险因素，而未来现金流量的现值是以资金的时间价值为基础对未来现金流量进行折现计算得出的。

企业价值最大化目标要求企业通过采用最优的财务政策，充分考虑资金的时间价值和风险与报酬的关系，在保证企业长期稳定发展的基础上，使企业总价值达到最大。

4. 相关者利益最大化

在现代企业为多边契约关系的总和的前提下，要确立科学的财务管理目标，首先就要考虑哪些利益关系会对企业发展产生影响。在市场经济中，企业的理财主体更加细化和多元化。股东作为企业所有者，在企业中承担着最大的权利、义务、风险和报酬，但是债权人、员工、企业经营者、客户、供应商和政府也为企业承担着风险。随着市场竞争和经济全球化的影响，企业与客户以及企业与供应商之间不再是简单的买卖关系，更多的情况下是长期的伙伴关系，处于一条供应链上，并共同参与同其他供应链的竞争，因而也与企业共同承担一部分风险。政府不管是作为出资人，还是作为监管机构，都与企业各方的利益密切相关。

综上所述，企业的利益相关者不仅包括股东，还包括债权人、企业经营者、客户、供应商、员工、政府等。因此，在确定企业财务管理目标时，不能忽视这些相关利益群体的利益。

（二）目标冲突与协调

将相关者利益最大化作为财务管理目标，其首要任务就是要协调相关者的利益关系，化解他们之间的利益冲突。协调相关者的利益冲突，要把握的原则是：尽可能使企业相关者的利益分配在数量上和时间上达到动态的协调平衡。而在所有的利益冲突协调中，所有者与经营者、所有者与债权人的利益冲突的协调又至关重要。

1. 所有者与经营者利益冲突的协调

在现代企业中，经营者一般不拥有占支配地位的股权，他们只是所有者的代理人。所有者期望经营者代表他们的利益工作，实现所有者财富最大化，而经营者则有其自身的利益考虑，二者的目标会经常不一致。通常而言，所有者支付给经营者报酬的多少，在于经营者能够为所有者创造多少财富。经营者和所有者的主要利益冲突，就是经营者希望在创造财富的同时，能够获取更多的报酬、更多的享受；而所有者则希望以较小的代价（支付较少报酬）实现更多的财富。

为了协调这一利益冲突，通常可采取以下方式解决：

（1）解聘

这是一种通过所有者约束经营者的办法。所有者对经营者予以监督，如果经营者绩效不佳，就解聘经营者；经营者为了不被解聘就需要努力工作，为实现财务管理目标服务。

（2）接收

这是一种通过市场约束经营者的办法。如果经营者决策失误，经营不力，绩效不佳，该企业就可能被其他企业强行接收或吞并，相应经营者也会被解聘。经营者为了避免这种接收，就必须努力实现财务管理目标。

（3）激励

激励就是将经营者的报酬与其绩效直接挂钩，以使经营者自觉采取能提高所有者财富的措施。激励通常有两种方式：①股票期权。它是允许经营者以约定的价格购买一定数量的本企业股票，股票的市场价格高于约定价格的部分就是经营者所得的报酬。②绩效股。它是企业运用每股收益、资产收益率等指标来评价经营者绩效，并视其绩效大小给予经营者数量不等的股票作为报酬。如果经营者绩效未能达到规定目标，经营者将丧失原先持有的部分绩效股。

2. 所有者与债权人的利益冲突的协调

所有者的目标可能与债权人期望的目标发生矛盾。首先，所有者可能要求经营者改变举债资金的原定用途，将其用于风险更高的项目，这会增大偿债风险，债权人的负债价值也必然会降低，造成债权人风险与收益的不对称。因为高风险的项目一旦成功，额外的利润就会被所有者独享；但若失败，债权人却要与所有者共同负担由此造成的损失。其次，所有者可能在未征得现有债权人同意的情况下，要求经营者举借新债，因为偿债风险相应增大，从而致使原有债权的价值降低。

第二节　财务管理的环节与环境

一、财务管理的环节

财务管理的环节包括财务预测、财务决策、财务预算、财务控制和财务分析等。这也是财务管理的工作步骤与一般程序，是企业为了达到财务目标而对财务环境发展变化所做的能动反应，也可以称为财务管理的职责和功能。

（一）财务预测

财务预测是根据企业财务活动的历史资料，考虑现实的要求和条件，对企业未来的财务活动做出较为具体的预计和测算的过程。财务预测可以测算各项生产经营方案的经济效益，为决策提供可靠的依据；可以预计财务收支的发展变化情况，以确定经营目标；可以测算各项定额和标准，为编制计划、分解计划指标服务。

财务预测工作包括以下几方面内容：①明确预测的对象和目的；②搜集和整理有关信息资料；③选定预测方法，利用预测模型进行测算。

财务预测的方法主要有定性预测和定量预测两类。定性预测法是利用直观材料，依靠个人的主观判断和综合分析能力，对事物未来的状况和趋势做出预测的一种方法。这种方法一般在企业缺乏完备、准确的历史资料的情况下采用。定量预测法是根据变量之间存在的数量关系建立数学模型来进行预测的一种方法。这种方法是在掌握大量历史数据的基础上进行预测的。定量预测法又分为趋势预测法和因果预测法。

定性预测法和定量预测法各有优缺点，实际工作中可把两者结合起来运用，既进行定性分析，又进行定量分析。

（二）财务决策

财务决策是财务人员在财务管理目标的总体要求下，从若干个可选择的财务方案中选出最优方案的过程。财务决策是财务管理的中心环节。决策的好坏直接影响到企业的生存和发展。在财务决策中，应深入调查，寻找做出决策的条件和依据，根据一定的价值标准评选方案。

财务决策的方法主要有对比优选法、数学微分法、线性规划法、概率决策法及损益决策法等。

第一，对比优选法是通过比较不同方案的经济效益进行选优的决策方法。对比优选法是财务决策的基本方法。根据对比方式的不同，可分为总量对比法、差量对比法和指标对比法等。

第二，数学微分法是运用数学微分的原理，对具有曲线关系的极值问题进行求解并确定最优方案的决策方法。在决策中，最佳现金余额决策、最佳资本结构决策和存货的经济批量决策适用此方法。

第三，线性规划法是根据运筹学的原理，对具有线性关系的极值问题进行求解并确定最优方案的决策方法。这种方法可以帮助管理人员合理组织人力、物力和财力。

第四，概率决策法是通过方案的各种可能结果及其发生的概率，计算期望值和标准差与标准离差率，并进行最优决策的方法。这种方法适用于风险型决策。

第五，损益决策法是指未来情况很不清楚，只能预测可能出现的结果，而且出现这种结果的概率也无法确切地进行估计的决策。常用的方法有最大最小后悔值法、小中取大法和大中取大法等。这种方法适用于不确定型决策。

（三）财务预算

财务预算是根据财务战略、财务计划和各种预测信息，确定预算期内各种预算指标的过程。它是财务战略的具体化，是财务计划的分解和落实。

财务预算一般包括以下内容：①分析财务环境，确定预算指标；②协调财务能力，组织综合平衡；③选择预算方法，编制财务预算。

财务预算的方法通常包括固定预算与弹性预算、增量预算与零基预算、定期预算和滚动预算等。

（四）财务控制

财务控制是根据企业财务预算目标、财务制度和国家有关法规，对实际（或预计）的财务活动进行对比、检查，发现偏差并及时纠正，使之符合财务目标与制度要求的管理过程。通过财务控制，能使财务计划与财务制度对财务活动发挥规范与组织作用，使资金占用与费用水平控制在预定目标的范围之内，保证企业经济效益的提高。

财务控制要适应定量化的控制需要，其主要内容包括以下三个方面：①制定控制标准，分解落实责任；②实施追踪控制，及时调整误差；③分析执行差异，搞好考核奖惩。

财务控制的方式多种多样。按控制时间的不同，可分为事前控制、事中控制和事后控制；按控制的具体方式不同，可分为定额控制、预算控制和开支标准控制；按控制指标的不同，可分为绝对数控制和相对数控制。财务控制必须根据财务活动的不同情况，分别采取不同的控制方式，才能收到良好的效果。

（五）财务分析

财务分析是以财务的实际和计划资料为依据，结合业务经营活动情况，对造成财务偏差的主观和客观因素进行揭示，并测定各影响因素对分析对象的影响程度，提出纠正偏差对策的过程。通过财务分析，可以深入了解和评价企业的财务状况、经营成果，掌握企业各项财务预算指标的完成情况，查找管理中存在的问题并提出解决问题的对策。财务分析的主要内容包括以下四个方面：①占有资料，掌握信息；②指标对比，揭示问题；③分析原因，明确责任；④提出措施，改进工作。

财务分析常用的方法主要有对比分析法、比率分析法和综合分析法等。对比分析法是通过对有关指标进行比较来分析财务状况的方法。比率分析法是将相互联系的财务指标进行对比，以形成财务比率，用来分析和评价企业财务状况和经营成果的方法。综合分析法是结合多种财务指标，综合考虑影响企业财务状况和经营成果的各种因素的分析方法。

二、财务管理的环境

财务管理的环境包括法律环境、金融市场环境和经济环境等。

（一）法律环境

财务管理的法律环境是指企业和外部发生经济关系时所应遵守的各种法律、法规和规章。市场经济是以遵守法律和市场规则为特征的经济体制。法律规定了企业经营活动的空间，也为企业在相应空间内自主经营提供了法律保障。企业的理财活动，无论是筹资、投资还是利润分配，都要与企业外部发生经济关系。在处理这些经济关系时，应当遵守有关的法律规范。对企业理财活动有影响的法律规范很多，下面主要介绍三大类。

1. 企业组织形式

企业是市场经济的主体，不同类型的企业所适用的法律有所不同。了解国家关于企业组织形式的法律法规，有助于企业财务管理活动的开展。企业组织形式可按不同的标准进行分类，其主要分类是按其组织形式分为独资企业、合伙企业和公司制企业。

（1）独资企业

独资企业是指由一个自然人投资，财产为投资者个人所有，投资者以其个人财产对企业债务承担无限偿债责任的经济实体。独资企业具有结构简单、容易开办、利润独享、限制较少的优点。但也存在以下缺点：①出资者负有无限偿债责任，个人资产和企业资产没有差别。②筹资较困难。由于个人财力有限，借款时往往因信用不足而遭到拒绝。

（2）合伙企业

合伙企业是指由各合伙人订立合伙协议，共同出资、合伙经营、共享收益、共担风险，并对本企业债务承担无限责任的营利性企业。合伙企业具有开办容易、信用较佳的优点。但也存在以下缺点：①出资者负有无限偿债责任。②权利不集中，有时决策过程过于冗长。③产权转让和外部筹资相对于公司制企业困难。④独资企业和合伙企业的所有权和经营权都是合二为一，即企业的所有者同时也是企业的经营者，二者都对企业债务负有无限责任，都不具备法人资格，不缴纳企业所得税而是缴纳个人所得税。

（3）公司制企业

公司制企业是由若干人共同出资，依照《公司法》登记成立，具有法人资格，以营利为目的的经济实体。企业享有股东投资形成的全部法人财产权，依法享有民事权利，承担民事责任。企业股东作为出资者按投入企业的资本额享有资产收益、重大决策和选择管理者等权利，并以其出资额或所持股份为限对企业承担有限责任。公司制企业可以分为无限公司、有限责任公司、两合公司、股份有限公司等。

2. 税法

国家税法对企业财务决策具有重要影响。首先，国家财政收入的主要来源是企业所缴纳的各种税金，而国家财政状况和财政政策对于企业资金供应和税收负担有着重要的影响。其次，国家各种税收的设置、税率的调整，还具有调节企业生产经营的作用。企业的财务决策应当适应税收政策的导向，合理安排资金投放，以追求最佳经济效益。

我国目前与企业相关的税种主要有五种：①所得税类，包括企业所得税、个人所得税、外商投资企业和外国企业所得税。②流转税类，包括增值税、消费税、城市维护建设税。③资源税类，如资源税、土地使用税、土地增值税。④财产税类，如房产税、财产税。⑤行为税类，如印花税、车船使用税等。

财财务人员应当熟悉国家税收法律的规定，不仅要了解各种税种的计征范围、计征依据和税类，而且要了解差别税率的制定，以及减税、免税的原则规定，自觉按照税收政策导向组织生产经营活动和财务活动，正确处理企业财务关系。

3. 财务法规

企业财务法规是规范企业财务管理行为的法令文件。我国目前企业财务管理法规制度有《企业财务通则》《企业财务制度》和企业内部财务制度等三个层次。《企业财务通则》是各类企业进行财务活动、实施财务管理的基本规范。

除了上述法规外，与企业财务管理有关的其他法规还有很多，包括各种证券法律规范、结算法律规范、合同法律规范、上市公司法律规范等。财务人员应熟悉、掌握这些法律规范，以便更好地实现财务管理的目标。

（二）金融市场环境

金融市场环境是企业财务管理的直接环境，它不仅为企业筹资和投资提供场所，而且促进了资本的合理流动和优化配置。它也是最为重要的环境因素，现主要介绍金融机构、金融市场和利率。

1. 金融机构

社会资金从资金供应者手中转移到资金需求者手中，大多要通过金融中介机构，我国的主要金融机构有：

（1）中国人民银行

中国人民银行是我国的中央银行，代表政府管理全国的金融机构和金融活动，管理国库。其主要职责是：①制定和实施货币政策，保持货币币值稳定；②依法对金融机构进行监督管理，维持金融业的合法、稳健运行；③维护支付和清算系统的正常运行；④持有、管理、经营国家外汇储备和黄金储备，代理国库和其他与政府有关的金融业务；⑤代表政府从事有关的国际金融活动。

（2）商业银行

商业银行是以经营存款、放款、办理转账结算为主要业务，以盈利为主要经营目标的金融企业。我国的商业银行可以分成两类：①国有独资商业银行，是由国家专业银行演变而来的，包括中国工商银行、中国农业银行、中国银行、中国建设银行四大商业银行；②股份制商业银行，是1987年以后发展起来的，包括交通银行、深圳发展银行、华夏银行、招商银行等。股份制商业银行完全按商业银行的模式运作，服务比较灵活，业务发展很快。

（3）政策性银行

政策性银行是指由政府设立，以贯彻国家产业政策、区域发展政策为目的，不以盈利为目的的金融机构。我国目前有三家政策性银行：国家开发银行、中国进出口银行、中国农业发展银行。

（4）非银行金融机构

非银行金融机构主要是指证券机构、保险公司、财务公司、信托投资公司、租赁公司等。

2. 金融市场

金融市场是指资金供需双方通过金融工具融通资金的市场，即实现货币借贷和资金融通、办理各种票据和进行有价证券交易活动的市场。

金融市场可以按照不同的标准进行分类。

（1）按期限分类

以期限为标准，金融市场可分为货币市场和资本市场。货币市场又称短期金融市场，是指以期限在1年以内的金融工具为媒介，进行短期资金融通的市场，包括同业拆借市场、票据市场、大额定期存单市场和短期债券市场。资本市场又称长期金融市场，是指以期限在1年以上的金融工具为媒介，进行长期资金交易活动的市场，包括股票市场和债券市场。

（2）按功能分类

以功能为标准，金融市场可分为发行市场和流通市场。发行市场又称一级市场，它主要处理金融工具的发行与最初购买者之间的交易。流通市场又称二级市场，它主要处理现有金融工具转让和变现的交易。

（3）按融资对象分类

以融资对象为标准，金融市场可分为资本市场、外汇市场和黄金市场。资本市场以货币和资本为交易对象；外汇市场以各种外汇金融工具为交易对象；黄金市场则是集中进行黄金买卖和金币兑换的交易市场。

（4）按所交易金融工具的属性分类

以所交易金融工具的属性为标准，金融市场可分为基础性金融市场与金融衍生品市场。基础性金融市场是指以基础性金融产品为交易对象的金融市场，如商业票据、企业债券、企业股票的交易市场。金融衍生品市场是指以金融衍生品为交易对象的金融市场，如远期、期货、掉期（互换）、期权，以及具有远期、期货、掉期（互换）、期权中一种或多种特征的结构化金融工具的交易市场。

（5）按地理范围分类

以地理范围为标准，金融市场可分为地方性金融市场、全国性金融市场和国际性金融市场。

3. 利率

利率又称利息率，是一定时期内利息与本金的比率，通常用百分比表示。在金融市场上，利率是资金使用权的价格。利率的变化不仅影响到个人和企业的利益，还会影响到整个国民经济。在企业融资、投资过程中，需要考虑利率变化的影响；在企业经营过程中，需要考虑利率变化对经济走势的影响，因此财务管理者必须高度重视利率及其变动。

（1）利率的相关概念

①年利率和月利率：按计算利率的期限单位可划分为年利率与月利率。年利率是指按年计息的利率，一般按本金的百分之几表示，通常称年息几厘几毫。

②实际利率和名义利率：按债权人实际收益分为实际利率和名义利率。实际利率是指剔除通货膨胀率后储户或投资者得到利息回报的真实利率；名义利率是指包含对通货膨胀补偿的利率。当物价不断上涨时，名义利率比实际利率高。一般银行存款及债券等固定收益产品的利率都是按名义利率支付利息，但如果在通货膨胀环境下，储户或投资者收到的利息回报就会被通胀侵蚀。

③基准利率和套算利率：按利率的变动关系分为基准利率和套算利率。基准利率又称为基本利率，是指在各种利率中起决定作用的利率，其他利率随着基准利率的变化而变化，它是中央银行实施货币政策的主要手段之一。

（2）利率的确定

利率是资金使用权的价格，它的大小主要由资金的供求关系来决定。资金的利率通常由以下部分组成：

①纯利率。它是指无通货膨胀、无风险情况下的社会平均利率。在没有通货膨胀时，国库券的利率可以视为纯利率。纯利率的高低受社会平均利润率、资金供求关系和国家调节的影响。

②通货膨胀补贴率。通货膨胀使货币贬值，债权人的真实报酬下降。因此，债权人在把资金交给借款人时，会在纯粹利息率的水平上再加上通货膨胀补贴率，以弥补通货膨胀造成的购买力损失。

③违约风险补贴率。违约风险是指借款人可能不能按时支付利息或不能如期偿还贷款本金。违约风险补贴率是指为了弥补因债务人无法按时还本付息而带来的风险,由债权人(投资者)要求提高的利率。信用等级越低,违约风险越大,债权人(投资者)要求的利率越高。

④流动性风险补贴率。流动性风险补贴率又称变现力风险补贴率,是指为了弥补因债务人资产变现力不好而带来的风险,由债权人(投资者)要求提高的利率。各种有价证券的变现力是不同的。政府债券和大公司的股票容易被人接受,债权人和投资者随时可以出售以收回投资,变现力很强。与此相反,一些小公司的债券鲜为人知,不易变现,债权人(投资者)要求提高利率作为补偿。

⑤到期风险补贴率。到期风险补贴率是指为了弥补因偿债期长而带来的风险,由债权人(投资者)要求提高的利率。

以上五项中,纯利率和通货膨胀补贴率两项构成基础利率,违约风险补贴率、流动性风险补贴率和到期风险补贴率三项构成风险补偿率。

利率的一般计算公式可以表示如下:

利率＝基础利率＋风险补偿率

利率＝纯利率＋通货膨胀补贴率＋违约风险补贴率＋流动性风险补贴率＋到期风险补贴率

(三)经济环境

经济环境是影响财务管理的各种经济因素。经济环境的内容十分广泛,包括经济体制、经济周期、经济发展水平、宏观经济政策及通货膨胀等。

1. 经济体制

在计划经济体制下,国家统筹企业资本、统一投资、统负盈亏,企业利润统一上缴,亏损全部由国家补贴,企业虽然是一个独立的核算单位,但没有独立的理财权利。财务管理活动的内容比较单一,财务管理方法比较简单。

在市场经济体制下,企业成为"自主经营、自负盈亏"的经济实体,有独立的经营权,同时也有独立的理财权。企业可以从其自身需要出发,合理确定资本需要量,然后到市场上筹集资本,再把筹集到的资本投放到高效益的项目上以获取更大的收益,最后将收益根据需要进行分配,保证企业财务活动自始至终根据自身条件和外部环境做出各种财务管理决策并组织实施。因此,财务管理活动的内容比较丰富,方法也复杂多样。

2. 经济周期

在市场经济条件下,经济发展与运行带有一定的波动性。这种波动大体上经历了复苏、繁荣、衰退和萧条几个阶段的循环,这种循环叫作经济周期。资本主义的经济周期是人所共知的现象,西方财务学者曾对经济周期中的经营理财策略进行了探讨,现择其要点进行归纳,见表1-1。

表1-1 经济周期中的财务管理战略

复苏	繁荣	衰退	萧条
(1) 增加广房设备	(1) 扩充厂房设备	(1) 停止扩张	(1) 建立投资标准
(2) 实行长期租赁	(2) 继续建立存货	(2) 出售多余设备	(2) 保持市场份额
(3) 建立存货	(3) 提高价格	(3) 停产不利产品	(3) 缩减管理费用
(4) 引入新产品	(4) 开展营销规划	(4) 停止长期采购	(4) 放弃次要利益
(5) 增加劳动力	(5) 增加劳动力	(5) 削减存货	(5) 削减存货
		(6) 停止招聘雇员	(6) 裁减雇员

我国的经济发展与运行也呈周期性变化,并带有一定的经济波动性。我国曾经历了若干次从投资膨胀、生产高涨到控制投资、紧缩银根和正常发展的过程,从而促进了经济的持续发展。企业的筹资、投资和资产营运等理财活动都要受到这种经济波动的影响。此外,由于国际经济交流与合作的日益密切,西方的经济周期也在不同程度地影响着我国的经济发展与运行。因此,企业财务人员必须认识到经济周期的影响,掌握经济发展波动下的理财本领。

3. 经济发展水平

一般来说,国民经济迅速增长,会给企业扩大规模、调整经营方向、开拓新市场以及拓宽财务活动领域带来机遇。为了跟上这种发展速度并在行业中维持相应的地位,企业需要相应增加厂房、设备、存货,增加人员配备等。这种增长需要大规模筹集资金,需要财务人员借入巨额资金或增发股票筹集资金;反之,企业就会收缩规模,降低对资金等资源的需求。

4. 宏观经济政策

我国经济体制改革的目标是建立社会主义市场经济体制,以进一步解放和发展生产力。在这个总目标的指导下,我国已经并正在进行财税体制、金融体制、外汇体制、外贸体制、计划体制、价格体制、投资体制、社会保障制度等各项改革。所有这些改革措施,深刻地影响着我国的经济生活,也深刻地影响着我国企业的发展和财务活动的运行。

5. 通货膨胀

通货膨胀对消费者不利,对企业财务活动的影响更为严重。大规模的通货膨胀会引起企业资金占用的连续增加;使有价证券价格下降,给企业筹集资金带来困难;导致企业利润虚增,税收的增加导致企业资金流失。为了减少通货膨胀对企业造成的影响,财务人员可采取的措施有:在通货膨胀初期,企业可加大投资,避免风险,实现资本保值;与客户签订长期采购合同，减少物价上涨造成的影响；举借长期负债，保持资本成本的相对稳定。在通货膨胀的持续期间，采用偏紧的信用政策，减少企业债权，调整财务政策，防止和减少企业资本的流失等。

第三节　财务管理的资金时间价值

为了有效地组织财务管理工作，实现财务管理目标，企业财务人员、管理人员都必须树立基本的财务管理观念。资金的时间价值观念和投资的风险价值观念是现代财务管理的两个基础观念。无论是筹资管理、投资管理还是利润的分配管理，都必须考虑资金的时间价值和投资的风险价值。

一、资金时间价值的概念

通常情况下，资金的时间价值是指在没有风险和没有通货膨胀条件下的社会平均资金利润率。在购买国库券或政府债券的时候，一般认为几乎没有风险，如果通货膨胀率很低的话，政府债券利率可视同资金的时间价值。

二、资金时间价值的计算

资金时间价值的计算涉及两个重要的概念，即现值和终值。现值又称本金，是指资金现在的价值，也是未来某一时点上的一定量资金折算到现在时点上的价值或现时收付款的价值。终值又称将来值，是指现在一定量资金在未来某一时点上的价值量，通常称本利和。计算资金时间价值的方法有单利法和复利法两种，下面就分别按这两种方法来讨论有关资金时间价值的计算。

（一）单利的计算

单利法是指只对本金计算利息，而利息部分不再计息的一种计息方式。

1. 单利利息的计算

单利利息的计算公式：

$$I = P \cdot i \cdot n \tag{1-1}$$

式中：I——利息；

P——本金，又称期初金额或现值；

i——利率，通常指每年利息与本金之比；

n——计息期数，常以年为单位。

2. 单利终值的计算

终值即本金与利息之和。如果我们用符号 F 表示终值，则单利终值的计算公式为：

$$F=P+I=P+P \cdot i \cdot n=P(1+i \cdot n) \qquad (1-2)$$

3. 单利现值的计算

如果根据终值来确定其现值，即某一项未来价值相当于现在的价值是多少，它是在已知利率和终值的情况下，计算现值的过程。其计算公式为：

$$P=\frac{F}{1+i \cdot n} \qquad (1-3)$$

（二）复利的计算

复利法就是逐期将利息并入本金再计算下一期利息的方式，俗称利滚利。我们称相邻两次计息的时间间隔为计息期，如年、月、日等，除非特别指明，计算期一般以年为单位。

1. 复利终值的计算

复利终值是指一定量的本金按复利计算若干期后的本利和。计算公式为：

$$F=P \cdot (1+i)^n \qquad (1-4)$$

式中 $(1+i)^n$ 被称为复利终值系数，用符号 $(F/P, i, n)$ 表示，如 $(F/P, 8\%, 3)$ 表示利率为 8% 的 3 年期复利终值系数。则复利终值公式也可以表示为：

$$F=P \cdot (F/P, i+n) \qquad (1-5)$$

2. 复利现值的计算

复利现值是复利终值的对称概念，是指未来一定时点的特定资金按复利计算的现在价值（或者说是为取得将来一定本利和，现在所需要的本金）。复利现值的计算是复利终值的逆运算，计算公式为：

$$P=\frac{F}{(1+i)^n} \qquad (1-6)$$

式中 $\frac{1}{(1+i)^n}$ 被称为复利现值系数，用符号 $(P/F, i, n)$ 表示。则复利现值公式也可以表示为：

$$P=F \cdot (P/F, i, n) \qquad (1-7)$$

3. 名义利率与实际利率

复利的计息期可以是年、季、月或日。当利息在 1 年内复利几次时，给出的年利率就叫名义利率；而每年只复利一次的年利率为实际利率。

（三）年金

年金是指一定期间内每期等额收付的系列款项，通常用符号 A 表示。例如，折旧、等额零存整取、保险费、养老金的发放、分期支付工程款等通常表现为年金形式。

年金是和复利相联系的，年金的终值、现值都是以复利的终值、现值为基础进行计算的。普通年金以外的各种形式的年金，都是普通年金的转化形式。年金按其收付款的次数和时间可分为普通年金、预付年金、递延年金和永续年金。

1. 普通年金的终值和现值

①普通年金终值的计算。普通年金，也称为后付年金，普通年金终值是指一定时期内每期期末等额收付款项的复利终值之和。如果我们用 A 表示每年收付的等额款项，i 表示利率，n 表示期数，F 表示普通年金终值。

普通年金终值的计算公式为：

$$F = A + A(1+i) + A(1+i)^2 + A(1+i)^3 + \cdots + A(1+i)^{n-1} \quad (1-8)$$

上式化简后得：

$$F = A \cdot \frac{(1+i)^n - 1}{i} \quad (1-9)$$

式中称为普通年金终值系数，记作 $(F/A, i, n)$。

上式中，如果已知终值 F，求年金 A，这就是偿债基金，即为使年金终值达到既定金额每年应支付的年金数额。

②普通年金现值的计算

普通年金现值是指为在每期期末取得相等金额的款项，现在需要投入的金额。用复利现值推导计算过程加以说明。

普通年金现值的一般计算公式为：

$$P = A(1+i)^{-1} + A(1+i)^{-2} + A(1+i)^{-3} + \cdots + A(1+i)^{-n} \quad (1-10)$$

上式化简后得：

$$P = A \cdot \frac{1-(1+i)^{-n}}{i} \quad (1-11)$$

式中 $\frac{1-(1+i)^{-n}}{i}$ 称为普通年金现值系数，记作 $(P/A, i, n)$。

上式中，如果已知现值 P，求年金 A，即为年资本回收额，是指在给定的年限内等额回收初始投资成本或清偿所欠债务的价值指标。

2. 预付年金的终值和现值

预付年金，也称为先付年金，与普通年金的区别仅在于付款时间不同，它是在每期期初收付款项，预付年金终值、现值计算公式可以借助普通年金终值、现值的计算公式来推导。如果我们用 P 表示预付年金现值，用 F 表示预付年金终值，则预付年金终值的计算公式为：

$$F = A \cdot (F/A,i,n) \cdot (1+i) \quad (1\text{-}12)$$

$$= A \cdot [(F/A,i,n+1) - 1]$$

预付年金现值的计算公式为：

$$P = A \cdot (P/A,i,n) \cdot (1+i) \quad (1\text{-}13)$$

$$= A \cdot [(P/A,i,n-1) + 1]$$

3. 递延年金

递延年金是普通年金的特殊形式，凡不是从第一期开始的年金都是递延年金。递延年金形式如图 1-1 所示。m 为递延期数，n 为年金期数，i 为利率。

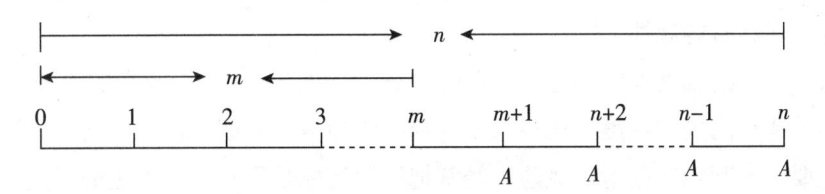

图 1-1 递延年金形式

从图 1-1 中可以看出，前 m 期没有收付款发生，为递延期数，而后面 $n-m$ 期为每期未发生收入或支出等额款项的年金项数。

由图 1-1 可知，递延年金的终值大小与递延期无关，故计算方法和普通年金终值相同。如果我们用 F 表示递延年金终值，则 $F = A \cdot (F/A,i,n-m)$，如果我们用 P 表示递延年金现值，则递延年金现值有两种计算方法：

方法 1：
$$P = A \cdot (P/A,i,n-m) \cdot (P/F,i,m) \quad (1\text{-}14)$$

方法 2：
$$P = A \cdot (P/A,i,n) - A \cdot (P/A,i,m) \quad (1\text{-}15)$$

4. 永续年金

永续年金是指无限期等额收付的特种年金。永续年金无终止时间，故无终值。永续年金现值的计算公式也是通过普通年金现值的计算公式推导的。用 P 表示永续年金现值，则：

$$P = \frac{A}{i} \tag{1-16}$$

第四节　财务管理的投资风险价值

一、投资风险价值的概念

　　财务活动经常是在有投资风险的情况下进行的。冒风险，就希望得到额外的收益，否则就不值得去冒风险。投资者由于冒风险进行投资而获得的超过资金时间价值的额外收益，称为投资风险价值，亦称风险收益或风险报酬。企业理财时，必须研究风险、计量风险，并设法控制风险，以求最大限度地扩大企业财富。

　　一般来说，投资风险是指在一定条件下、一定时期内可能发生的各种结果的变动程度。在投资风险存在的情况下，人们只能事先估计到采取某种行动可能导致的结果，以及每种结果出现的可能性，而行动的真正结果究竟会怎样，不可能事先确定。投资风险是事件本身的不确定性，具有客观性。

　　投资风险可能给投资者带来超出预期的收益，也可能带来超出预期的损失。一般来说，投资者对意外损失的关切程度，比对意外收益要强烈得多。因此，人们研究风险时侧重减少损失，主要从不利的方面考虑风险，经常把风险看成是不利事件发生的可能性。从财务角度来说，风险主要是指无法达到预期报酬的可能性。

二、投资风险的分类

（一）按个别理财主体划分

　　从个别理财主体的角度来看，投资风险分为市场风险和公司特有风险两类。
　　市场风险是指那些对所有企业产生影响的因素引起的投资风险，如战争、自然灾害、经济衰退、通货膨胀等。这类风险涉及所有企业，不能通过多元化投资来分散，因此也称为不可分散风险或系统风险。
　　公司特有风险是指发生于个别企业的特有事项造成的投资风险，如罢工、诉讼失败、失去销售市场、新产品开发失败等，这类事件是随机发生的，因而可以通过多元化投资来分散，即发生于一家公司的不利事件可以被其他公司的有利事件所抵消，因此也称为可分散风险或非系统风险。

（二）按企业本身划分

从企业本身来看，投资风险可分为经营风险和财务风险两类。

经营风险是指因生产经营方面的原因给企业盈利水平带来的不确定性。经营风险是任何商业活动都有的，也称为商业风险。企业生产经营的许多方面都会受到来自企业外部和内部诸多因素的影响，因而具有很大的不确定性。

财务风险又称筹资风险，是指由于举债而给企业财务成果带来的不确定性。企业举债经营，全部资金中除自有资金外，还有一部分借入资金，这会对企业自有资金的营利能力造成影响。同时，由于借入资金需要还本付息，一旦无力偿付到期债务，企业便会陷入财务困境甚至破产。当企业息税前资金利润率高于借入资金利率时，使用借入资金获得的利润除了补偿利息外还有剩余，因而使自有资金利润率提高。但是，若企业息税前资金利润率低于借入资金利率，这时使用借入资金获得的利润还不够支付利息，还需动用自有资金获得的一部分利润来支付利息，从而使自有资金利润率降低。

三、风险的衡量

风险是不可避免的，直接或间接地影响着企业的财务活动和经营活动，因此正视风险并将风险程度予以量化，进行较为准确的衡量，便成为企业理财中的一项重要工作。风险与概率直接相关，并由此同期望值、标准离差、标准离差率等发生联系，对风险进行衡量时，应着重考虑这几方面因素。

（一）概率分布

在现实生活中，某一事件在完全相同的条件下，可能发生也可能不发生，既可能出现这种结果也可能出现那种结果，我们称这类事件为随机事件。概率就是用百分数或小数来表示随机事件发生或出现某种结果可能性大小的数值。用 K 表示随机事件，K_i 表示随机事件的第 i 种结果，P_i 为出现该种结果的相应概率。若 K_i 出现，则为 $P_i=1$；若 K_i 不出现，则 $P_i=0$。同时，所有可能结果出现的概率之和必定为1，因此概率必须符合下列两个要求：

（1）
$$0 \leqslant P_i \leqslant 1 \qquad (1\text{-}17)$$

（2）
$$\sum_{i=1}^{n} P_i = 1 \qquad (1\text{-}18)$$

将随机事件各种可能的结果同时列出，同时列出各结果出现的相应概率，便构成了概率分布。

（二）期望报酬率

期望报酬率是概率分布中所有可能结果以各自相应的概率为权数计算的加权平均值，是反映集中趋势的一种量度。期望报酬率可用下列公式计算：

$$K = \sum_{i=1}^{n} K_i P_i \qquad (1\text{-}19)$$

式中：K——期望报酬率；

K_i——第 i 种可能结果的报酬率；

P_i——第 i 种可能结果的概率；

n——可能结果的个数。

（三）标准离差

标准离差也叫均方差，是方差的平方根，是各种可能的报酬率偏离期望报酬率的综合差异，是反映离散程度的一种量度。常以符号 σ 表示，标准离差计算公式为：

$$\sigma = \sqrt{\sum_{i=1}^{n}(K_i - K)^2 \cdot P_i} \qquad (1\text{-}20)$$

标准离差以绝对数衡量决策方案的风险，在期望值相同的情况下，标准离差越大，风险越大；反之，标准离差越小，风险越小。

（四）标准离差率

标准离差是一个反映随机变量离散程度的相对指标，只能用来比较期望报酬率相同的各项投资的风险程度，而不能用来比较期望报酬率不同的各项投资的风险程度，对于期望报酬率不相同的各项投资的风险程度，应使用标准离差率进行评价。标准离差率是标准离差同期望值之比，通常用符号 V 表示，其计算公式为：

$$V = \frac{\sigma}{K} \qquad (1\text{-}21)$$

标准离差率越大，风险越大；反之，标准离差率越小，风险越小。

通过将决策方案的风险加以量化后，决策者便可据此做出决策。对于单个方案，决策者可根据其标准离差（率）的大小，并将其同设定的可接受的此项指标最高限值对比，看前者是否低于后者，然后做出取舍。对于多个方案，决策者的行动准则应是选择低风险高收益的方案，即选择标准离差最低、期望收益最高的方案。然而高收益往往伴有高风险，低收益方案其风险程度往往也较低，究竟选择何种方案，就要权衡期望收益与风险，而且还要视决策者对风险的态度而定。对风险比较反感的人可能会选择期望收益较低同时风险也较低的方案，喜欢冒风险的人则可能选择风险高但同时收益也高的方案。

四、风险报酬的计算

资金的时间价值是投资者在无风险条件下进行投资所要求的报酬率，这是以确定的报酬率为计算依据的，也就是以确定能取得的报酬为条件的。但是，企业财务活动和经营管理活动总是处于或大或小的风险之中，任何经济预测的准确性都是相对的，预测的时间越短，不确定的程度就越低，因此为了简化决策分析工作，在短期财务决策中一般不考虑风险因素，而在长期财务决策中，则不得不考虑风险因素，计量风险程度。在存在风险情况下，诱使投资者冒风险进行投资的原因是他所要求的报酬率超过资金时间价值（即无风险报酬率）的那部分额外报酬率，即风险报酬率。如果不考虑通货膨胀的话，投资者进行风险投资所要求或期望的投资报酬率便是资金的时间价值（无风险报酬率）与风险报酬率之和，即：

$$期望投资报酬率 = 资金时间价值（或无风险报酬率）＋风险报酬率$$

投资的风险价值与资金的时间价值一样，也有两种表现形式：一种是绝对数，即风险报酬额，是指由于冒风险进行投资而取得的额外报酬；另一种是相对数，即风险报酬率，是指额外报酬占原投资额的百分率。

通常，把国家发行的公债或国库券的利率称为无风险报酬率。至于其他各种投资，由于或多或少都要冒一定程度的风险，因而它们的投资报酬率是无风险报酬率与风险报酬率之和。根据概率分析法计算出的标准离差率，同时再借助一个风险报酬系数，可求出风险报酬率。

$$R_r = b \cdot V \tag{1-22}$$

式中：R_r——风险报酬率；

V——标准离差率；

b——风险报酬系数。

如果用 R_f 表示无风险报酬率，用 K 表示投资总报酬率，则投资报酬率可表示为：

$$K = R_f + R_r \tag{1-23}$$

第二章　营运资金管理

第一节　营运资金管理内涵

一、营运资金管理概述

（一）营运资金的概念

营运资金是指一个企业维持日常经营（营业活动）所需的资金。营运资金有广义和狭义之分，广义的营运资金是指一个企业流动资产的总额；狭义的营运资金是指流动资产减去流动负债后的余额。本章所指为狭义营运资金，即一年内可以变现的流动资产和一年内将到期的流动负债的差额。用公式表示为：

$$营运资金＝流动资产－流动负债 \qquad (2\text{-}1)$$

营运资金管理既包括流动资产的管理，也包括流动负债的管理。

1. 流动资产

流动资产是指可以在一年或者超过一年的一个营业周期内变现或者耗用的资产，流动资产具有占用时间短、周转快、易变现等特点。企业拥有较多的流动资产可以在一定程度上降低财务风险。

2. 流动负债

流动负债是指在一年或者超过一年的一个营业周期内到期的负债。流动负债又称短期负债，具有成本低、偿还期短的特点。

（二）营运资金的特点

与非流动资产相比较而言，流动资产具有周转时间短、易变现、形式多样、数量波动大等特点；与非流动负债相比较而言，流动负债具有融资速度快、财务弹性高、筹资成本低和偿债风险大等特点。结合流动资产和流动负债的各自特点，营运资金一般具有以下特点：

1. 来源具有灵活多样性

企业筹集长期资金的方式一般较少，只有吸收直接投资、发行股票、发行债券等方式。与筹集长期资金的方式相比，企业筹集营运资金的方式较为灵活多样，通常有银行短期借款、短期融资债券、商业信用、应交税费、应付股利、应付职工薪酬等多种内外融资方式。

2. 数量具有波动性

流动资产的数量会随企业内外条件的变化而变化，时高时低，波动很大。季节性企业如此，非季节性企业也是如此。随着流动资产数量的变动，流动负债的数量也会相应发生变动。

3. 周转具有短期性

企业占用在流动资产上的资金，通常会在一年或超过一年的一个营业周期内收回，对企业影响的时间比较短。根据这一特点，营运资金可以用商业信用、银行短期借款等短期筹资方式来加以解决。

4. 实物形态具有变动性和易变现性

企业营运资金的实物形态是经常变化的，营运资金的每次循环都要经过采购、生产、销售等过程，一般按照现金、原材料、在产品、产成品、应收账款、现金的顺序转化。为此在进行流动资产管理时，必须在各项流动资产上合理配置资金数额，做到结构合理，以促进资金周转顺利进行。同时交易性金融资产、应收账款、存货等流动资产一般具有较强的变现能力，如果遇到意外情况，如企业出现资金周转不灵、现金短缺时，便可迅速变卖这些资产，以获取现金。这对财务上应付临时性资金需求具有重要意义。

二、营运资金的管理原则

（一）保证合理的资金需求

企业应认真分析生产经营状况，合理确定营运资金的需求数量。企业营运资金的需求数量与企业生产经营活动有直接关系。在一般情况下，当企业产销旺盛时，流动资产会不断增加，流动负债也会相应增加；而当企业产销量不断减少时，流动资产和流动负债也会相应减少。营运资金的管理必须把保证合理的资金需求作为首要任务。

（二）提高资金使用效率

加速资金周转是提高资金使用效率的主要手段之一。提高营运资金使用效率的关键就是采取得力措施，缩短营业周期，加速变现过程，加快营运资金周转。因此企业要千方百计地加速存货、应收账款等流动资产的周转，以便用有限的资金服务于更大的产业规模，为企业取得更好的经济效益提供条件。

（三）节约资金使用成本原则

在营运资金管理中，必须正确处理保证生产经营需要和节约资金使用成本两者之间的关系。要在保证生产经营需要的前提下，遵守勤俭节约的原则，尽力降低资金使用成本。一方面，要挖掘资金潜力，盘活全部资金，精打细算地使用资金；另一方面，积极拓展筹资渠道，合理配置资源，筹措低成本资金，服务于生产经营。

（四）保持足够的短期偿债能力

流动资产、流动负债以及两者之间的关系能较好地反映企业的短期偿债能力。流动负债是在短期内需要偿还的债务，而流动资产则是在短期内可以转化为现金的资产。因此，如果一个企业的流动资产比较多，流动负债比较少，说明企业的短期偿债能力较强；反之则说明短期偿债能力较弱。但如果企业的流动资产太多，流动负债太少，也不是正常现象，这可能是因流动资产闲置或流动负债利用不足所致。因此，在营运资金管理中要合理安排流动资产与流动负债的比例关系，保持流动资产结构与流动负债结构的适配性，保证企业有足够的短期偿债能力。

三、营运资金的管理策略

营运资金的管理策略是在满足企业经营需求的前提下，以企业价值最大化为目标，确定短期融资和长期融资、流动资产和长期资产的适当组合。具体来说，营运资金的管理策略可以分为两部分：营运资金的筹资策略和企业总资产在长期资产和流动资产之间分配的资产投资策略。营运资金的筹资管理策略，可以分为期限匹配型、保守型和激进型；而涉及营运资金的投资管理策略时，又可将资产投资策略划分为紧缩型和宽松型。

第二节　现金管理

现金可以用来进行商品交换，支付各项费用支出。因此，现金是企业流动资产中变现能力及流动性最强的资产。它包括库存现金、银行存款以及银行本票、银行汇票等其他货币资金。必须注意的是，这里所指的现金具有可以立即支付的特点，不包括不准备动用或无法动用的货币资金。

一、现金的持有动机

现金的持有动机，是指企业持有现金的原因。一般来说，企业持有现金主要是为了满足交易性动机、预防性动机和投机性动机。

（一）交易性动机

交易性动机是指企业持有一定量的现金以满足日常支付的需要，如购买原材料、支付工资、缴纳税款、偿还到期债务、发放现金股利等。在正常的生产经营活动中，企业因销售、提供劳务而形成收入，也因此发生了一系列的成本费用的支出，但由于现金收支在时间上和数量上很难同步且等量，因此企业有必要持有一定量的现金以保持正常的生产经营活动，这也是企业持有现金的根本动机。一般来说，企业为交易动机所持有的现金余额取决于企业的生产销售水平。生产销售扩大，所需现金余额也随之增加，反之则会减少。

（二）预防性动机

预防性动机是指企业持有一定量的现金以满足由于意外事件而产生的特殊需要。由于财务环境的复杂性，企业通常很难对未来的现金流量做出与实际相差无几的估计与预算。自然灾害、政策变化、生产事故等突发事件的发生，必然会打破企业原有的现金预算，导致现金收支出现不平衡。因此，企业有必要在正常现金需要量的基础上，追加持有一定数量的现金。

（三）投机性动机

投机性动机是指企业持有现金以抓住突然出现的有利购买机会或投资机会，从中获取收益。例如，当预期原材料价格将会上涨时，以现金大量购入；在预期有价证券价格将会上涨时，立即以现金在低价购入，待价格实际上涨时再高价抛出等。企业为满足投机动机而持有的现金数量一般与在金融市场的投资机会和对待风险的态度紧密相关。企业的投资机会越多，经营越大胆，越愿意冒险，为投机性动机而持有的现金数量就会越多。

二、现金的持有成本

现金的持有成本通常由以下四个部分组成。

（一）管理成本

管理成本是指企业因持有一定数量的现金而发生的管理费用，如管理人员工资及必要的安全措施费用，这部分费用在一定范围内与现金持有量的多少关系不大，一般属于固定成本。

（二）机会成本

机会成本是指企业因持有一定数量的现金而丧失的再投资收益。由于现金属于非营利性资产，保留现金必然丧失再投资的机会及相应的投资收益，从而形成持有现金的机会成本，这种成本在数额上等同于资金成本。

（三）转换成本

转换成本是指企业用现金购入有价证券以及转让有价证券换取现金时付出的交易费用，即现金与有价证券之间相互转换的成本，如委托买卖佣金、委托手续费、证券过户费、交割手续费等。证券转换成本与现金持有量的关系是在现金需要量既定的前提下，现金持有量越少，进行证券变现的次数越多，相应的转换成本就越大；反之，现金持有量越多，进行证券变现的次数越少，需要的转换成本也就越小。因此，现金持有量的不同必然通过证券变现次数多少而对转换成本产生影响。

（四）短缺成本

短缺成本是指在现金持有量不足而又无法及时通过有价证券变现加以补充而给企业造成的损失。它包括直接损失与间接损失。

1. 直接损失是指由于现金的短缺使企业的生产、经营及投资受到影响而造成的损失。例如由于现金短缺而无法购进急需的原材料，使生产经营及投资中断的损失。

2. 间接损失是指由于现金的短缺而给企业带来的无形损失。例如由于现金短缺而不能按期支付货款或不能按期归还货款，给企业信用和形象造成损失。现金的短缺成本随现金持有量的增加而下降，随现金持有量的减少而上升，即与现金持有量负相关。

明确与现金持有量相关的成本及各自的特性，有助于从成本最低的角度出发确定现金最佳持有量。

三、目标现金余额的确定

绝大多数企业都会结合自身的情况设立一个应维持的现金余额目标，即该企业的最佳现金持有量，又称为最佳现金余额。确定最佳现金持有量具有重要的意义。从理论上来说，它是指在满足生产经营需要的同时，又使现金使用的效率和效益最高时的现金最低持有量，即能够使现金管理的机会成本与转换成本之和保持最低的现金持有量。

最佳持有量只是相对而言的，从不同的角度测算，其结果是有差别的。其测定的方法有很多，下面介绍几种常用的方法。

（一）成本分析模式

成本分析模式是指在不考虑现金转换成本的情况下，通过对现金的持有成本和短缺成本进行分析，找出其总成本最低的现金持有量作为最佳现金持有量的一种方法。由于持有成本分为机会成本（又称投资成本）和管理成本，成本分析模式也就是找出机会成本、管理成本和短缺成本在所组成的总成本曲线中最低的点所对应的现金持有量。

成本分析模式的相关计算公式为：

$$机会成本 = 现金持有量 \times 有价证券利率$$

$$相关总成本 = 机会成本 + 短缺成本 + 管理成本 \qquad (2-2)$$

管理成本具有固定成本的属性，不随现金持有量的变化而变化；现金短缺成本与现金持有量呈负相关关系。所以总成本曲线呈抛物线型，抛物线的最低点即为总成本的最低点，其所对应的现金持有量便是最佳现金持有量。

需要指出的是，运用成本分析模式确定最佳现金持有量的前提是企业允许现金短缺现象的存在，且现金的短缺成本能准确测定。

（二）存货模式

存货模式是指将现金看作企业的一项特殊存货，按照存货的经济批量原理确定最佳现金持有量的方法。运用存货模式确定最佳现金持有量时，是以下列假设为前提的：

1. 企业所需要的现金可通过证券变现取得，且证券变现的不确定性很小。
2. 企业预算期内现金需求总量可以预测。
3. 预算期内现金支出数额比较稳定、波动较小，而且每当现金余额接近于零时，短期证券可以随时转换为现金。
4. 证券的利息率和每次固定性交易费用可以获悉。

如果这些条件得到满足，企业便可以利用存货模式来确定现金的最佳持有量。

存货模式的着眼点是现金相关总成本最低。现金的管理成本因其相对稳定，不随现金持有量的变化而变化，因此在存货模式中将其视为与决策无关的成本而不予考虑。假定存货模式不存在现金短缺现象，因此也不需要考虑现金的短缺成本，需要考虑的是现金的机会成本和固定性转换成本。机会成本和固定性转换成本随着现金持有量的变动而呈现相反的变动趋势，这就要求企业必须对现金与有价证券进行合理安排，从而使机会成本与固定性转换成本保持最佳组合。换言之，能够使现金管理的机会成本与固定性转换成本之和保持最低的现金持有量，就是最佳现金持有量。

假设 T 为一个周期内现金总需求量，F 为每次转换有价证券的固定成本，Q 为最佳现金持有量（每次证券变现的数量），K 为有价证券利息率（机会成本），TC 为现金管理相关总成本，则计算公式为

$$TC = \frac{Q}{2} \cdot K + \frac{T}{Q} \cdot F \qquad (2-3)$$

当持有现金的机会成本与证券变现的转换成本相等时，现金管理的相关总成本最低，此时的现金持有量为最佳现金持有量，即：

$$Q = \sqrt{\frac{2TF}{K}} \qquad (2\text{-}4)$$

此时可得到最低现金管理相关总成本的计算公式，即：

$$TC = \sqrt{2TFK} \qquad (2\text{-}5)$$

（三）随机模式

随机模式假设企业每日的现金净流量为一随机变量，无法事先预计，但企业可根据历史经验和现实需要，制定一个现金持有量控制区域。

制定现金持有量控制区域的关键在于确定 R 值。由于现金流量是随机的，故 R 不仅受现金的机会成本和证券转换成本的影响，而且与现金余额可能波动的幅度有关，理想的 R 值可用下列公式计算：

$$R = \sqrt[3]{\frac{3F\sigma^2}{4I}} + L \qquad (2\text{-}6)$$

式中：R——最佳现金持有量；

F——有价证券每次固定的转换成本；

σ——每日现金余额的标准差；

I——有价证券日利率；

L——控制下限。

控制上限 H 的计算公式为

$$H = 3R - 2L \qquad (2\text{-}7)$$

控制下限 L 主要取决于每日现金需要量、有价证券变现所需的时间和管理人员的风险倾向，可根据经验数据确定。

四、资金集中的管理

资金集中管理是指将整个集团的资金归集到集团总部，在集团总部设立专职部门代表集团公司实施对资金的统一调度、管理、运用和监控。

资金集中管理所要达成的目标是通过建立资金管理中心，加强对集团所属企业资金的宏观调控，盘活资金存量，调剂资金余缺，加速资金周转，降低财务费用，促进资源的优化配置。资金管理中心是在集团公司财务部门内部设立的、办理内部成员单位现金收付和往来结算业务的专门机构。

资金集中管理的特点表现为以下内容：

（一）内部成员单位是独立的核算单位

内部成员单位都具有自己的财务部门和各自的银行账户。集中在资金管理中心的资金不改变其所有权和经营权。

（二）收支两条线的运作流程

先集中内部成员单位的现金收入，再由资金管理中心根据成员单位上报的现金预算，向各成员单位拨付各自所需的货币资金，同时监控资金的流向和使用情况。

（三）对于成员单位之间的内部往来结算不再通过银行

成员单位之间的内部往来结算由资金管理中心通过"走账不走钱"的方式进行内部结算，大大降低了整个集团公司的资金需求量。这样以富余的银行存款来偿还银行贷款，将会大大降低银行贷款的数额，降低财务费用。

（四）统贷统还和内部借款

内部成员单位不单独从银行贷款，由资金管理中心实行统贷统还，保证整个集团的资金需求量。

（五）成员单位与资金管理中心之间形成存贷关系

各成员单位可以向资金管理中心进行内部存款、内部借款和内部还款，实行有偿存贷制度。

五、现金收支的日常管理

企业在确定了最佳现金持有量后，还应加强现金的日常管理，提高现金的使用效率。现金日常管理的内容主要包括建立和健全现金收支管理制度、编制和执行现金预算、进行现金日常收支的策略管理等。

（一）建立和健全现金收支管理制度

第一，明确现金收支的职责分工，建立现金管理的内部控制制度。库存现金的保管职责与记账职责应由不同人员履行。企业内部应配备专职出纳人员负责现金收付和保管，实行钱、账分管，即出纳人员应根据会计人员审核无误的收、付款凭证办理款项的收付，并负责登记现金日记账，但不得兼管稽核、会计档案保管，以及收入、费用、债权、债务等账目的登记工作。同样，会计人员也不得兼任出纳工作。每一笔现金收支业务都必须由两个或两个以上的人员分工负责，相互制约。

第二，严格现金收支手续。收支现金，必须有凭有据，收支双方必须当面点清，并经过必要的复核。

第三，现金收支应做到日清月结，确保库存现金的账面余额与实际库存额相符，银行存款账面余额与银行对账单余额相符，现金、银行存款日记账数额分别与现金、银行存款总账数额相符。

第四，严格遵守现金管理规定。企业应按照国家《现金管理暂行条例》和《银行结算办法》的相关现金使用规定和结算纪律办理现金收支业务。

（二）编制和执行现金预算

现金预算用以反映企业不同时日所需现金数量和变动情况，确定需要融资数额和适当的融资时间，合理安排现金收支，保证企业现金的正常流转。现金预算的编制在整个现金管理中具有龙头作用，对企业总体财务管理也有根本性的意义。现金预算一般应逐月、逐周甚至逐日编制。

（三）进行现金日常收支的策略管理

现金日常收支的策略管理主要是对现金收支的时间加以控制，从而加快现金流、缩短现金周转期，以提高现金的使用效率，因此，现金日常收支管理的基本思想是力求加速收款、延缓付款，具体包括以下内容：

1. 加速收款

加速收款主要是指尽可能缩短从客户汇款或开出支票，到企业收到客户汇款或支票票款的过程。为了缩短这个过程，除了尽可能选择高工作效率的银行外，企业常用的方法一般有邮政信箱法和银行业务集中法。

银行业务集中法的优点是可以缩短客户邮寄票据所需要的时间和票据托收所需时间，也就缩短了现金从客户到企业的中间周转时间。但采用银行业务集中法须在多处设立收账中心，而每个收账中心的地区银行都要求有一定的补偿性余额，这样开设的收账中心越多，由补偿性余额带来的闲置资金也就越多；设置收账中心需要一定的人力和物力，从而增加了相应的费用支出。因此企业应在权衡利弊得失的基础上，做出是否采用银行业务集中法的决策，这需要计算分散收账收益净额。其公式为：

分散收账收益净额＝（分散收账前应收账款投资额－分散收账后应收账款投资额）× 企业综合资金成本率－因增设收账中心每年增加费用额　　　（2-8）

2. 延缓付款

现金支出管理的重点是控制现金支出。与现金收入管理加速收款速度相反，现金支出管理应尽可能延迟现金支出的时间，这样可最大限度地使用现金。

（1）使用现金浮游量

现金浮游量是指企业账户上现金余额与银行账户上所示的存款余额之间的差额。"浮游量"实际上是企业与银行双方出账与入账的时间差造成的。在这个时间差内,企业虽已开出支票,但仍可动用银行存款上的这笔资金,以实现充分利用现金的目的。

(2) 控制现金支出的时间

现金支出的时间是指企业在交易活动中,在不影响自己信誉的前提下,尽可能利用商业信誉,延迟应付账款的支付时间。

(3) 力争现金流量同步

企业在安排现金流出时,要考虑现金流入的时间,使两者的时间尽量趋向一致,这意味着企业的现金收支足以满足现金支出的需要。这样可以减少为交易性需求而持有的现金余额,并可减少有价证券转换为现金的转换成本。

第三节 应收账款管理

应收账款是指企业因对外销售产品、材料、供应劳务及其他原因,应向购货单位或接受劳务的单位及其他单位收取的款项,包括应收销货款、其他应收款、应收票据等。

一、应收账款的功能

应收账款在企业生产经营中的作用,主要表现在以下两个方面。

(一) 促进销售

企业通过赊销向客户提供商业信用,一方面向客户提供了商品,另一方面实际上就是在一个有限的时期内向客户提供了现金,这样可以吸引更多的客户,促进企业的商品销售,扩大其市场份额,强化企业的竞争地位和实力,从而给企业带来更多的收益。在企业商品销售不畅、市场疲软、竞争不力,或者销售新产品、开拓新市场时,赊销的作用尤为明显。

(二) 减少存货

赊销在促进企业商品销售的同时,必然可以减少企业商品存货的持有量。我们知道,持有的商品存货越多,在存货上占用的资金也越多,势必会带来更多的存货成本,包括存货的管理费、仓储费、保险费等。通过赊销促进商品销售,减少存货持有量就可以相应地减少存货成本。因此,当企业商品存货数量较多时,可以考虑采用较为优惠的信用政策进行赊销,以扩大销售,减少存货的持有量。

二、应收账款的成本

应收账款作为企业为增加销售和盈利进行的投资,也会发生相应的成本,包括机会成本、管理成本和坏账成本。

（一）机会成本

应收账款会占用企业一定量的资金，而企业若不把这部分资金投放于应收账款，便可以用于其他投资并可能获得收益。因投放于应收账款而放弃其他投资带来的收益，即为应收账款的机会成本。其计算公式为：

$$应收账款平均余额 = 日销售额 \times 平均收现期 \qquad (2-9)$$

$$应收账款占用资金 = 应收账款平均余额 \times 变动成本率$$

要注意的是只有应收账款中的变动成本才是因为赊销而增加的成本（投入的资金）。

$$应收账款的机会成本 = 应收账款占用资金 \times 资本成本 \qquad (2-10)$$
$$= 应收账款平均余额 \times 变动成本率 \times 资本成本$$
$$= 日销售额 \times 平均收现期 \times 变动成本率 \times 资本成本$$
$$= 全年销售额/360 \times 平均收现期 \times 变动成本率 \times 资本成本$$
$$= （全年销售额 \times 变动成本率）/360 \times 平均收现期 \times 资本成本$$
$$= 全年变动成本/360 \times 平均收现期 \times 资本成本$$

（二）管理成本

应收账款的管理成本是指企业管理应收账款发生的各种费用，包括客户的资信调查费用、搜集客户有关的各种信息的费用、账簿的记录费用、追索逾期应收账款的收账费用及其他费用。

（三）坏账成本

应收账款的坏账成本是指当企业无法收回应收账款时给企业造成的经济损失。这种成本一般与企业的信用政策有关，并且与应收账款的数量呈同方向变化。企业的信用政策越严格，应收账款数量越少，发生坏账的可能性越小；反之政策越宽松，发生坏账的可能性越大。因此，为了避免发生坏账而影响企业正常的生产经营活动，企业应合理计提坏账准备。

三、应收账款的管理目标

企业采取赊销、分期付款等销售方式，可以扩大销售，增加利润。但应收账款的增加也会造成机会成本、坏账损失等费用的增加。

应收账款的管理目标是制定科学合理的应收账款信用政策，并在这种信用政策所增加的销售盈利和采用这种政策预计要担负的成本之间做出权衡。只有当所增加的销售盈利超过运用此政策所增加的成本时，才能实施和推行这种信用政策。同时，应收账款管理还包括企业未来销售前景和市场情况的预测和判断及对应收账款安全性的调查。如企业销售前景良好,应收账款安全性高,则可进一步放宽其信用政策,扩大赊销量,获取更大利润;反之则应严格其信用政策,或对不同客户的信用程度进行适当调整,确保企业获取最大收入的情况下,又使可能的损失降到最低点,即寻求使经营单位收益最大的信用政策。

四、应收账款的信用政策

信用政策是公司对应收账款进行规划和控制的基本策略与措施。企业通过制定和执行信用政策,实现对应收账款的事后管理向事前管理的转变。信用政策主要包括信用标准、信用条件、收账政策等内容。

(一)信用标准

信用标准是指企业对客户提供商业信用而规定的基本要求,通常以预期的坏账损失率作为判别标准。如果企业的信用标准较严,只对信誉较好、坏账损失率低的客户提供赊销,那么坏账损失以及应收账款的机会成本都会减少,同时也可能不利于扩大销售量,甚至会使销售量减少;相反,如果企业接受较低的信用标准,虽然有利于企业扩大销售,提高市场竞争力和占有率,但同时也会导致坏账损失风险加大和收账费用增加。因此,企业应在成本与收益比较原则的基础上,确定适宜的信用标准。

在比较各备选方案信用标准的优劣时,应测算销售量变化对利润的影响、应收账款机会成本的变化、坏账成本的变化、管理成本的变化。企业可以据此进行比较,并做出权衡。

(二)信用条件

信用条件是指企业要求客户支付赊销款的条件。一般包括信用期限、现金折扣和折扣期限。信用期限是指企业为客户规定的最长付款时间;现金折扣是指在客户提前付款时给予的优惠;折扣期限是指企业为客户规定的可享受现金折扣的付款时间。

提供比较优惠的信用条件能增加销售量,但也会带来应收账款的机会成本、坏账成本、管理成本、现金折扣等额外的负担。因此企业在制定和改变信用条件时,也会面临选择决策的问题。在决策过程中,经营企业需要计算并比较各备选方案由于信用条件变化带来的净收益。其计算公式为:

$$增加的净收益=增加的利润-增加的机会成本-增加的现金折扣$$
$$-增加的坏账损失 \qquad (2-11)$$

(三)收账政策

收账政策是指信用条件被违反时,企业采取的收账策略。企业采用积极的收账政策,可能会减少应收账款投资,减少坏账损失,但会增加收账成本。反之,采用消极的收账政策，可能会增加应收账款投资，增加坏账损失，但会减少收账费用。

五、应收账款的监控

（一）应收账款的账龄分析

应收账款的账龄分析就是考察和研究应收账款的账龄结构。所谓应收账款的账龄结构，是指各账龄应收账款的余额占应收账款总计余额的比重。一般来讲，拖欠时间越长，款项收回的可能性越小，形成坏账的可能性越大。因此，对尚未过期、不同拖欠时间的账款及不同信用品质的客户，企业应实施严密的监督，随时掌握回收情况。实施对应收账款回收情况的监督，可以通过编制账龄分析表进行。

（二）对客户的信用分析评价

1. 调查客户信用

信用调查是指收集和整理反映客户信用状况的有关资料的工作。信用调查是企业应收账款日常管理的基础，是正确评价客户信用的前提条件。企业对顾客进行信用调查主要通过两种方法。

（1）直接调查

直接调查是指调查人员通过与被调查单位进行直接接触，通过当面采访、询问、观看等方式获取信用资料的一种方法。直接调查可以保证收集资料的准确性和及时性；但也有一定的局限性，往往获得的是感性资料，同时若不能得到被调查单位的配合，则会使调查工作难以开展。

（2）间接调查

间接调查是指以被调查单位以及其他单位保存的有关原始记录和核算资料为基础，通过加工整理获得被调查单位信用资料的一种方法。这些资料主要来自以下几个方面：

①财务报表。通过财务报表分析，可以基本掌握一个企业的财务状况和信用状况。

②信用评估机构。因为专业分析的信用评估机构的评估方法先进，评估调查细致，评估程序合理，所以可信度较高。

③银行。银行是信用资料的一个重要来源，许多银行都设有信用部，为其顾客服务，并负责对其顾客的信用状况进行记录、评估。但银行的资料一般仅愿意内部及同行之间进行交流，而不愿向其他单位提供。

④其他途径。例如，财税部门、工商管理部门、消费者协会等机构都可能提供相关的信用状况资料。

2. 评估客户信用

收集好信用资料以后，就需要对这些资料进行分析、评价。企业一般采用"5C"系统来评价，并对客户信用进行等级划分。在信用等级方面，目前主要有两种：一种是三类九等，即将企业的信用状况分为 AAA、AA、A、BBB、BB、B、CCC、CC、C 九等，其中 AAA 为信用最优等级，C 为信用最低等级。另一种是三级制，即分为 AAA、AA、A 三个信用等级。

第四节　存货管理

存货是指企业在生产经营过程中为销售或生产耗用而储备的物资。它包括材料、在产品、半成品、产成品或库存商品以及包装物、低值易耗品、委托加工物资等。存货管理水平的高低直接影响着企业的生产经营能否顺利进行，进而会影响企业的收益、风险等状况。

一、存货管理的目标

存货管理的目标就是尽力在各种存货成本与存货效益之间做出权衡。就是在保证生产或销售经营需要的前提下，最大限度地降低存货成本。

（一）保证生产正常进行

生产过程中需要的原材料和在产品，是生产的物质保证，为保障生产的正常进行，必须储备一定量的原材料；否则可能会造成生产中断、停工待料的现象。尽管当前部分企业的存货管理已经实现计算机自动化管理，但是要实现存货为零的目标实属不易。

（二）有利于销售

一定数量的存货储备能够增加企业在生产和销售方面的机动性和适应市场变化的能力。当企业市场需求量增加时，若产品储备不足就有可能失去销售良机，所以保持一定量的存货是有利于市场销售的。

（三）便于维持均衡生产，降低产品成本

有些企业的产品属于季节性产品或者需求波动较大的产品，此时若根据需求状况组织生产，则可能有时生产能力得不到充分利用，有时又超负荷生产，这会造成产品成本的上升。为了降低生产成本，实现均衡生产，就要储备一定的产成品存货，并应相应地保持一定的材料存货。

（四）降低存货取得成本

在一般情况下，当企业进行采购时，进货总成本与采购物资的单价和采购次数有密切关系。而许多供应商为了鼓励客户多购买其产品，往往在客户采购量达到一定数量时，给予价格折扣，所以企业通过大批量集中进货，既可以享受价格折扣，降低购置成本，也因减少订货次数，降低了订货成本，使总的进货成本降低。

二、存货的成本

（一）与存货相关的收益

任何企业都要持有一定量的存货，避免库存缺货和拖欠订单的现象，从销售角度看，库存缺货是在客户需要而企业没有产品时发生的，因此企业通常会向需要产品的客户开具拖欠订单，这是对当前销售的补救措施，需要尽快解决。否则，客户如果不能立即得到他们想要的产品，会引起他们的不满而转向其他供应商。可见，库存缺货会导致企业失去客户，销售额下降，因此持有一定量的存货，可以保证企业经营的顺畅以及保持与客户的良好关系，增加企业的销售额。

（二）与存货相关的成本

与存货相关的成本，主要包括购置成本、持有成本和缺货成本。

第一，购置成本，是指存货购置过程中花费的代价。例如，采购人员的工资、差旅费和进行订货的业务费（网络方面的费用）等。

第二，持有成本，是指为保存存货而发生的成本。它包括资金占用成本、空间成本、存货损失。

第三，缺货成本，是指一种机会成本，用存货短缺时产生的"代价"来衡量。它包括由于停工待料而发生的损失、为补足拖欠订货所发生的额外成本支出、由于对顾客延期交货而支付的罚金或失去的交易机会。

存货的收益与成本性质各异，随着存货数量的增加，存货的收益与存货的持有成本会增加，而存货的购置成本和短缺成本会下降。因此，在使用存货管理技术时，需要在不同类型的收益与成本之间取得一个"最佳结合点"。

三、经济订货批量的确定

经济订货批量是指能够使一定时期存货的相关总成本达到最低点的订货数量。通过上述对存货成本分析可知，决定存货经济订货批量的成本因素主要包括变动性订货成本、变动性储存成本、存在数量折扣时的进价成本以及允许缺货时的缺货成本。不同的成本项目与订货批量呈现着不同的变动关系。减少进货批量，增加进货次数，在影响储存成本降低的同时，也会导致订货成本、进价成本与缺货成本的提高；相反，增加进货批量，减少进货次数，尽管有利于降低订货成本、进价成本与缺货成本，但同时也会影响储存成本的提高。因此，如何协调各项成本之间的关系，使其总和保持最低水平，是企业组织进货过程中需要决策的主要问题。影响存货总成本的因素（变量）很多，为了解决比较复杂的问题，有必要简化或舍弃一些因素（变量），先研究解决简单的问题，然后再扩展到复杂的问题。这需要设立一些假设，在此基础上建立经济订货批量基本模型。

（一）经济订货批量基本模型

1. 经济订货批量基本模型的假设

经济订货批量基本模型需要设立的假设条件是：

①企业能够及时补充存货，需要订货时便可立即取得存货，即瞬时供货，每次订货成本为 K。
②能集中到货，而不是陆续入库，存货的耗用或销售比较均衡。
③不允许缺货，即无缺货成本，这是因为良好的存货管理本来就不应该出现缺货。
④需求量稳定，并且能预测，即 D 为已知常数。
⑤存货单价不变，且不存在折扣，即 K_c 为已知常量。
⑥企业现金充足，不会因现金短缺而影响进货。
⑦所需存货市场供应充足，不会因买不到需要的存货而影响其他，仓储条件不受限制。

2. 经济订货批量基本模型的确定

在以上假设前提下，与订货批量相关的存货成本只包括变动性订货成本（以下简称订货成本）和变动性储存成本（以下简称储存成本）。随订货批量的变化，订货成本与储存成本呈相反方向的变化，订货批量增加，订货成本减少而储存成本增加，反之，订货批量减少，订货成本增加而储存成本减少，能使两者总和最低的订货批量就是经济订货批量。

这样，存货相关总成本的公式可表述为：

$$TC = \frac{D}{Q}K + \frac{Q}{2}K_c \qquad (2\text{-}12)$$

当 K、D、K_c 为常量时，TC 的大小取决于 Q。当 TC 的一阶导数为 0 时，TC 最低，此时的 Q 为经济订货批量。

$$TC = \frac{1}{2}K_c - \frac{D}{Q^2}K = 0 \qquad (2\text{-}13)$$

$$Q = \sqrt{2DK/K_c} \qquad (2\text{-}14)$$

(二)经济订货批量基本模型的扩展

经济订货批量基本模型是在前述各假设条件下建立的,但现实生活中能够满足这些假设条件的情况十分罕见。为使模型更接近于实际情况,具有较高的适用性,需逐一放宽假设,同时改进模型。

1. 实行数量折扣

(1)实行数量折扣的存货相关成本

为了鼓励客户购买更多的商品,销售企业通常会给予不同程度的价格优惠,即实行商业折扣或称价格折扣。购买得越多,所获得的价格优惠越大。此时,进货企业对经济订货批量的确定,除了考虑订货成本与储存成本外,还应考虑存货的进价成本,因为此时的存货进价成本已经与进货数量的大小有了直接的联系,属于决策的相关成本。

在经济订货批量基本模型其他各种假设条件均具备的前提下,存在数量折扣时的存货相关总成本可按下式计算:

$$\text{存货相关总成本} = \text{存货进价} + \text{订货成本} + \text{储存成本} \qquad (2\text{-}15)$$

$$TC = DU + \frac{D}{Q}K + \frac{Q}{2}K_c \qquad (2\text{-}16)$$

(2)实行数量折扣的经济进货批量的确定原理

假定供货方在某一特定的进货批量范围内给予相同的数量折扣,如销货方规定:客户每批购买量在200件以内(含200件)的,按照标准价格10元计算(折扣率为零);每批购买量超过200件,不足400件的,价格为9.8元(即折扣率为2%)。

在给予相同数量折扣的同一个范围内,存货进价成本是不变的,因此在该范围内,要使相关总成本最低,只需要使订货成本和储存成本之和最低。当进货批量小于按基本模型计算的经济订货批量(设为 Q^*)时,进货批量越大,订货成本和储存成本之和越低;当进货批量大于 Q^* 时,进货批量越小,订货成本和储存成本之和越低;当进货批量等于 Q^* 时,订货成本和储存成本之和最低。

因此,当数量折扣范围小于 Q^* 时,该范围内的最大订货量就是最佳订货量;当数量折扣范围大于 Q^* 时,该范围内的最小订货量就是最佳订货量;当数量折扣范围包含 Q^* 时,该范围内的最佳订货量就是 Q^*。这样,找出各个折扣范围的最佳订货量,比较它们的相关总成本(包括进价成本),就可以找出相关总成本最低的订货批量,即经济订货批量。

2. 订货提前期

在基本模型中做了瞬时供货的假设，但实际上，企业的存货不能做到随时补充，因此不能等存货用完再去订货，而需要在没用完时提前订货。在提前订货的情况下，企业再次发出订货单时，尚有存货的库存量，称为再订货点，用 R 来表示。它的数量等于交货时间 L 和每日平均需要量 d 的乘积：

$$R = L \times d \tag{2-17}$$

交货时间是指从发出订单至验货入库为止所需时间。

3. 存货陆续供应

在建立基础模型时，是假设存货一次全部入库，故存货增加时存量变化为一条垂直的直线。事实上，各批存货可能陆续入库，使存量陆续增加。尤其是产成品入库和半成品转移，几乎总是陆续供应和陆续耗用的。在这种情况下，需要对基本模型做一些修改。

四、存货的控制系统

（一）ABC 分类管理法

ABC 分类管理法就是按照一定的标准，将企业的存货划分为 A、B、C 三类，分别实行分品种重点管理、分类别一般控制和按总额灵活掌握的存货管理方法。

企业存货品种繁多，尤其是大中型企业的存货往往多达上万种甚至几十万种。实际上，不同的存货对企业财务目标的实现具有不同的作用。有的存货尽管品种数量很少，但是金额较大，如果管理不善，将给企业造成极大的损失。相反，有的存货虽然品种数量繁多，但是金额较小，即使管理当中出现一些问题，也不至于对企业产生较大的影响。因此，无论是从能力还是经济角度，企业均不可能也没有必要对所有存货进行严加管理。ABC 分类管理法正是基于这种考虑而提出的，其目的在于使企业分清主次，突出重点，以提高存货资金管理的整体效果。

1. 存货 ABC 分类的标准

分类的标准主要有两个：一是金额标准；二是品种数量标准。其中，金额标准是最基本的，品种数量标准仅作为参考。

A 类存货的特点是金额巨大，但品种数量较少；B 类存货金额一般，品种数量相对较多；C 类存货品种数量繁多，但价值金额却很小。如一个拥有上万种商品的百货公司，家用电器、高档皮货、家具、摩托车、大型健身器械等商品的品种数量并不很多，但价值额却相当大。大众化的服装、鞋帽、床上用品、布匹、文具用品等商品品种数量比较多，但价值额相对 A 类商品要小得多。至于各种小百货，如针线、纽扣、化妆品、日常卫生用品及其他日杂用品等品种数量非常多，一般而言，三类存货的金额比重大致为 A∶B∶C＝0.7∶0.2∶0.1，而品种数量比重大致为 A∶B∶C＝0.1∶0.2∶0.7。可见，由于 A 类存货占用着企业绝大多数的资金，应集中主要力量进行管理，对其经济批量、收入和发出要做出合理规划和控制。B 类存货金额相对较小，企业不必像对待 A 类存货那样花费太多的精力。同时，由于 B 类存货的品种数量远远多于 A 类存货，企业通常没有能力对每一具体品种进行控制，因此可以通过划分类别的方式进行管理。C 类存货尽管品种数量繁多，但其所占金额却很小，对此，企业只要把握一个总金额也就完全可以了。

2. A、B、C 三类存货的具体划分

具体过程可以分为以下三个步骤（有条件的可通过计算机进行）：

①列示企业全部存货的明细表，并计算出每种存货的价值总额及占全部存货金额的百分比。

②按照金额标志由大到小进行排序并累加金额百分比。

③当金额百分比累加到 70% 左右时，以上存货视为 A 类存货。百分比介于 70%～90% 之间的存货作为 B 类存货，其余则为 C 类存货。

3. ABC 分类法在存货管理中的运用

通过对存货进行 ABC 分类，可以使企业分清主次，采取相应的对策进行有效的管理和控制。企业在组织经济进货批量、储存期分析时，对 A、B 两类存货可以分别按品种、类别进行。对 C 类存货只需要加以灵活掌握即可，一般不必进行上述各方面的测算与分析。此外，企业还可以运用 ABC 分类法区分为 A、B、C 三类，通过研究各类消费者的消费倾向、档次等，对各档次存货的需要量加以估算，并购进相应数量的存货。这样能够使存货的购进与销售工作有效地建立在市场调研的基础上，从而收到良好的控制效果。

（二）及时生产的存货系统

及时生产的存货系统（Just-in-time System，JIT），是指通过合理规划企业的产供销过程，从原材料采购到产成品销售每个环节都能紧密衔接，减少制造过程中不增加价值的作业，减少库存，消除浪费，从而降低成本，提高产品质量，最终实现企业效益最大化。

1. 及时生产的存货系统的基本原理

及时生产的存货系统的基本原理是只有在使用之前才从供应商处进货，从而将原材料或配件的库存数量减少到最小；只有在出现需求或接到订单时才开始生产，从而避免产成品的库存。及时生产的存货系统要求企业在生产经营的需要与材料物资的供应之间实现同步，使物资传送与作业加工速度处于同一节拍，最终将存货降低到最小限度，甚至零库存。

2. 及时生产的存货系统的优缺点

及时生产的存货系统的优点是降低库存成本；减少从订货到交货的加工等待时间，提高生产效率；降低废品率、再加工和担保成本。但及时生产的存货系统要求企业内外部全面协调与配合，一旦供应链破坏，或企业不能在很短的时间内根据客户需求调整生产，企业生产经营的稳定性将会受到影响，经营风险加大。此外，为了保证能够按合同约定频繁小量配送，供应商可能要求额外加价，企业因此丧失了从其他供应商那里获得更低价格的机会收益。

第五节　流动负债管理

流动负债是指需要在一年内或者超过一年的一个营业周期内偿还的债务。流动负债所筹资金的使用时间较短，一般不超过1年。当企业因季节性或周期性的经营活动而出现资金需求时，流动负债筹资方式是较为恰当的途径。其具体形式主要有商业信用、短期借款、发行短期融资券等。

一、短期借款

（一）短期借款的概念

短期借款是指企业向银行或其他金融机构借入的期限在1年（含1年）以下的各种借款。

（二）短期借款筹资的种类

短期借款筹资通常是指银行短期借款，是企业为解决短期资金需求而向银行申请借入的款项，是筹集短期资金的重要方式。

银行短期借款的种类很多，按不同标准可做不同的分类，这里介绍两种最主要的分类方式。

1. 在银行统一管理流动资金的情况下对短期借款的分类

在银行统一管理流动资金的情况下，企业的短期借款按其参与企业资金周转时间的长短和具体用途可分为流动基金借款、生产周转借款、临时借款和结算借款。

（1）流动基金借款

流动基金借款是指企业在核定流动资金计划占用额的基础上，由于自有流动资金未达到规定的比例而向银行申请的借款。这种借款具有短期周转、长期占用的性质。企业申请流动基金借款的数量取决于上年定额流动资金平均占用额和自有流动资金的数额，可按下列公式计算：

$$流动基金借款 = 上年定额流动资金平均占用额 \times 规定的自有流动资金比率 - 自有流动资金 \qquad (2-18)$$

（2）生产周转借款

生产周转借款是指企业为满足生产周转的需要，在确定的流动资金计划占用额的范围内，弥补自有流动资金和流动基金借款不足部分而向银行取得的借款。

（3）临时借款

临时借款是指企业在生产经营过程中由于临时性或季节性原因形成超定额物资储备，为解决资金周转困难而向银行取得的借款。临时借款主要解决以下几种情况出现的资金需求：①由于客观原因不能及时销售产生现金；②原材料的季节性储备；③进口物资集中到货；④企业为发展名优产品进行横向联合时所需要的资金；⑤其他在核定资金占用额时无法核定又确属银行支持的款项，如引进软件购买外汇等款项。

（4）结算借款

结算借款是指企业采用托收承付结算方式向异地发出商品，在委托银行收款期间为解决在途结算资金占用的需要，以托收承付结算凭证为保证向银行取得的借款。

2.《贷款通则》对短期借款的分类

《贷款通则》将企业短期借款分为信用借款、担保借款和票据贴现三类。

（1）信用借款

信用借款又称无担保借款，是指不用保证人做保证或没有财产做抵押，仅凭借款人的信用而取得的借款。信用借款一般是由贷款人给予借款人一定的信用额度或双方签订循环贷款协议。因此，这种借款又分为信用额度借款和循环协议借款。

①信用额度借款。信用额度借款是商业银行与企业之间商定的未来一段时间内银行能向企业提供无担保贷款的最高限额。信用额度借款一般是在银行对企业信用状况详细调查后确定的。信用额度借款一般要做出如下规定：第一，信用额度的期限。一般一年建立一次。第二，信用额度的数量。规定银行能贷款给企业的最高限额。第三，应支付的利率和其他一些条款。

②循环协议借款。循环协议借款是一种特殊的信用额度借款，在此借款协议下，企业和银行之间也要协商确定贷款的最高限额，在最高限额内，企业可以借款、还款、再借款、再还款，不停地周转使用。

循环协议借款与信用额度借款的区别主要表现在以下三个方面：第一，持续时间不同。信用额度借款的有效期一般为一年，而循环协议借款可超过一年。在实际应用中，循环协议借款很多是无限期的，因为只要银行和企业之间遵照协议进行，贷款可一再延长。第二，法律约束力不同。信用额度借款一般不具有法律约束力，不构成银行必须给企业提供贷款的法律责任，而循环协议借款具有法律约束力，银行要承担限额内的贷款义务。第三，费用支付不同。企业采用循环协议借款，除支付利息外，还要支付协议费。协议费是对循环协议借款限额中未使用的部分收取的费用，正是因为协议费才构成了它为企业提供资金的法定义务。在信用额度借款的情况下，一般无须支付协议费。

（2）担保借款

担保借款是指有一定的保证人做保证或利用一定的财产做抵押或质押而取得的借款。担保借款又分为保证借款、抵押借款、质押借款三类。

①保证借款。保证借款是指按《中华人民共和国担保法》规定的保证方式以第三人承诺在借款人不能偿还借款时按约定承担一般保证责任或连带责任而取得的借款。

②抵押借款。抵押借款是指按《中华人民共和国担保法》规定的抵押方式以借款人或第三人的财产作为抵押物而取得的借款。

③质押借款。质押借款是指按《中华人民共和国担保法》规定的质押方式以借款人或第三人的动产或权利作为质押物而取得的借款。

（3）票据贴现

票据贴现是指商业票据的持有人把未到期的商业票据转让给银行，贴付一定利息以取得银行资金的一种借贷行为。票据贴现是商业信用发展的产物，实际上是一种银行信用，银行在贴现商业票据时，所付金额低于票面金额，其差额为贴现息。贴现息与票面面值的比率称为贴现率。银行通过贴现把款项贷给销货单位，到期向购货单位收款，所以要收取利息。

（三）短期借款筹资的优缺点

1. 短期借款筹资的优点

包括以下内容：

（1）银行资金充足，实力雄厚，能随时为企业提供比较多的短期贷款。对于季节性和临时性的资金需求，采用银行短期借款尤为方便。而那些规模大、信誉好的企业，则可以比较低的利率借入资金。

（2）银行短期借款具有较好的弹性，可在资金需要增加时借入，在资金需要减少时还款。

2. 短期借款筹资的缺点

包括以下内容：

（1）资金成本较高

采用短期借款资金成本较高，不仅不能与商业信用相比，与短期融资券相比也高出许多。而抵押借款因需要支付管理和服务费用，成本更高。

（2）限制较多

向银行借款，银行要对企业的经营和财务状况进行调查以后才能决定是否贷款，有些银行还要对企业有一定的控制权,要企业把流动比率、负债比率维持在一定的范围之内,这些都会构成对企业的限制。

二、短期融资券

短期融资券(以下简称融资券)是由企业依法发行的无担保短期本票。在我国,短期融资券是指企业依照《短期融资券管理办法》的条件和程序在银行间债券市场发行和交易并约定在一定期限内还本付息的有价证券。中国人民银行对融资券的发行、交易、登记、托管、结算和兑付进行监督管理。

(一)短期融资券的种类

按不同的标准,可对短期融资券做不同的分类。

1. 按发行方式划分

短期融资券可以分为经纪人代销的融资券和直接销售的融资券。

(1)经纪人代销的融资券

又称间接销售融资券,是指先由发行人卖给经纪人,然后由经纪人再卖给投资者的融资券。经纪人主要有银行、投资信托公司、证券公司等。企业委托经纪人发行融资券,要支付一定数额的手续费。

(2)直接销售的融资券

是指发行人直接销售给最终投资者的融资券。直接发行融资券的公司通常是经营金融业务的公司或自己有附属金融机构的公司,它们有自己的分支网点,有专门的金融人才,因此,有力量自己组织推销工作,从而节省了间接发行时应付给证券公司的手续费用。

2. 按发行人的不同划分

短期融资券可以分为金融企业的融资券和非金融企业的融资券。

(1)金融企业的融资券

主要是指由各大公司所属的财务公司、各种投资信托公司、银行控股公司等发行的融资券。这类融资券一般都采用直接发行方式。

(2)非金融企业的融资券

是指那些没有设立财务公司的工商企业所发行的融资券。这类企业一般规模不大,多数采用间接方式来发行融资券。

3. 按发行和流通范围划分

短期融资券可以分为国内融资券和国际融资券。

(1)国内融资券

是指一国发行者在其国内金融市场上发行的融资券。发行这种融资券一般只要遵循本国法规和金融市场惯例即可。

（2）国际融资券

是指一国发行者在其本国以外的金融市场上发行的融资券。发行这种融资券，必须遵循有关国家的法律和国际金融市场上的惯例。在美国货币市场和欧洲货币市场上，这种国际的短期融资券很多。

（二）短期融资券的发行程序

企业发行短期融资券，一般要按如下程序进行：

1. 公司做出决策，采用短期融资券方式筹资

根据我国相关规定，企业必须符合一定的条件才具有申请发行融资券的资格，公司财务人员对金融市场状况和企业筹资条件进行认真分析后，认为采用发行融资券筹资比较适合，于是提出申请，报总经理或董事会做出最后决策。

2. 选择承销商

我国企业发行短期融资券必须由符合条件的金融机构承销，企业自身不具有销售融资券的资格。因此，企业在发行方案经总经理或董事会批准之后，应选择拥有承销资格的金融机构作为主承销商，主承销商应当是具备中国人民银行规定的相关资格的金融机构，在短期融资券的发行过程中全面承担与发行直接相关的工作，包括与发行人就有关发行方式、日期、利率、价格、发行费用等进行磋商，达成一致；编制向主管机构提供的有关文件；组织承销团；筹划组织召开承销会议；协助发行人申办有关法律方面的手续；向认购人交付融资券并清算价款等。企业如需变更主承销商，应当报中国人民银行备案。

3. 办理发行融资券的信用评级

信用评级是由专家、学者组成专门的机构，运用科学的综合分析方法，对企业的财务状况和信用情况进行评定和估价。

4. 向有关审批机关提出发行融资券的申请

中国人民银行上海总部与各省、市、自治区分行是我国企业发行融资券的审批、管理机关。企业发行融资券，必须向各级人民银行的金融管理部门提出申请，经过批准后才能发行。

5. 审批机关对企业的申请进行审查和批准

中国人民银行的金融管理部门接到企业申请后，要对如下一些内容进行认真审查：对发行资格进行审查；对资金用途进行审查；审查会计报表的内容；审查融资券的票面内容。

审查通过后，中国人民银行将根据规定的条件和程序向企业下达备案通知书，并核定该企业发行融资券的最高金额。

6. 正式发行融资券，取得资金

融资券经审查机关审查同意后，便可正式发行。

（三）短期融资券的成本

短期融资券的成本也就是利息，其利息是在贴现的基础上支付的。短期融资券的成本（年度利率）的计算公式为：

$$短期融资券的成本 = \frac{r}{\left(1 - r \times \dfrac{n}{360}\right)} \qquad (2\text{-}19)$$

式中：r——票面利率；

n——票据期限。

如果有多个短期融资券的发行方案可供选择，那么应该选择年度利率最低的方案，以使成本最低。

另外，发行短期融资券的公司一般都有备用的信贷限额，以便为出售短期融资券时发生的问题提供保证。如果一家公司到期不能偿还其发行的短期融资券，就可以动用备用的信贷限额。对于这种备用的信贷限额，银行一般要按年收取 0.25% ～ 0.5% 的费用，这将会增加成本。

第三章 投融资管理

第一节 资本思维与运作

一、资本思维

对于企业家来说，为了实现更大的资本梦想，特殊的思维能力是必不可少的。培养良好的财富发现视野，从杠杆思维、市值思维和协同思维三个方面构建资本思维，注重理财之道，处理好企业财务，通过集体努力等运作资本，这是从挣钱思维到赚钱思维，最后到资本增值思维的必经之路。

（一）杠杆思维

所谓的杠杆思维是用小资本来撬动大量资本以获得更多收入，即负债经营。有些企业想借但无法达成，使得企业枯萎死亡，而有些企业因债务过重，无法偿还导致现金流破裂。如何平衡负债的运作？当他们的经营利润率高于债务成本时，他们可以增加债务操作的比例。这是资本杠杆的影响，因此其增长率将远远高于依靠自有资本的滚动发展。

（二）市值思维

所谓市值思维，就是依靠企业的资本价值去促进扩张，这比杠杆思维要进一步。企业的资本价值是多少，这常常是企业家很迷惑的问题。公司的市值在进行对外收购时会发挥重大作用。

（三）协同思维

所谓的协同思维不是为了分享和交叉销售业务资源，而是为了财务资源分配和内部融资。协同思维比市值思维更加进步，这在多业务和多元化企业中很常见。

从理论上讲，只要业务完全不相关，将业务分散到几个不相关的领域就可以消除总现金流量的波动。凭借充足稳定的现金流，我们可以利用部分业务产生的盈余现金流来支持其他业务的发展。

在这种多元化的经营方式中，对顺畅现金流的需求已经成为连接各个业务部门的纽带。成功多元化公司的一个共同特点是，总部可以控制财务资源的内部分配，通过不同的业务组合重新分配现金流和投资，并实现比开放资本市场更高的效率。

二、资本运作

（一）资本运作的概念

经济学中，资本是能够带来利益的一切资源，它可以是有形的，也可以是无形的。在公司中，能够为公司带来经济利益的资源有很多，如投资者投入的资本、厂房、机器设备、专利、技术秘密、知识、金融工具等。公司如何高效地运用这些资本，实现公司价值的保值和增值，是公司资本运作需要解决的问题。在整个公司的资本管理模式中，它主要包括以下几个方面：第一，充分利用闲置资产产生经济效益；第二，在从事产品生产经营的同时，公司投入一定资金从事证券市场交易、产权转让、公司并购等资产增值活动；第三，公司参与资产增值活动，合并和收购可以通过股权转让或资本借贷来进行；第四，通过资本产权的运作，可以实现业务规模的扩大，主要包括兼并、持股、股权参与等发展为大集团的方式。

（二）公司进行资本运作的原因

从微观角度看，对公司而言，任何成功的公司都是从产品生产、产品经营逐步走向资产经营和资本营运的。资本运作是公司的一个强大的助推器。它可以创造一种混合资本，扩大经营规模，通过上市、并购、战略投资等一系列资本运作手段，帮助公司加强产品运作或干预新兴产业甚至开拓新市场。因此，资本运作可以在促进公司发展方面发挥巨大作用，这是一种手段，可以帮助公司实现"做大做强"的战略目标。

许多公司未来做大做强，总会持续投入大量人力、物力、财力，但是由于规模经济的限制，这些投入总是难以获得预期的回报，而资本运作却可以帮助公司在短时间内获得大量的资金，为公司规模的迅速扩张提供可能。

从宏观角度看，资本运作是实现资源整合的必然途径。在市场经济下，要实现生产要素在各个经济主体间的合理配置，可以通过公司资本运作来实现。公司通过并购、控股等方式，实现上下游产业的优势互补和强强联合，达到社会资源的有效流动。

总之，资本运作能够通过市场化的途径，帮助中小公司合理优化资产结构，创建组织构架，扩大公司规模，提高市场占有份额，提升公司在国际中的竞争力；帮助市场优化产业结构，整合现实资源，从而有助于国家实现经济增值的宏观经济目标。所以，国家应鼓励公司进行资本运作，为其创造良好的法律环境，提供便捷的政策支持。

（三）公司资本运作方式

公司资本运作的方式多种多样，根据不同的标准可以有不同的分类。公司要结合内外部环境的变化，综合考量各种变量，选择适合本公司的资本运作方式。

1. 与公司整合有关的资本运作方式

与公司整合有关的资本运作方式主要包括公司兼并与公司收购。公司兼并与公司收购是公司金融决策的重要内容，对于现代企业来说，直接体现了公司的资本运营程度。从微观层面看，公司可以通过兼并与收购消除公司亏损，提高公司要素的使用效率；从宏观层面看，公司的并购重组还可调节市场产业经济结构。

2. 与资产整合有关的资本运作方式

与资产整合有关的资本运作方式主要包括公司重组、资产置换、资产剥离、资产租赁等。此外，资产证券化、资产转让也是公司常用的资本运作方式。

3. 与股权有关的资本运作方式

与股权相关的资本运作模式主要体现在上市公司，包括发行股票、债权、配股、增发、转股、增股、回购等。

从某种程度上来讲，资本运作的成功会影响企业的命运，在经济和世界一体化的环境下，资本运作尤为重要。作为企业，要加强资本运作，注重企业资本运作，促进内部资源的合理配置，形成适当的内部运作体系。为了影响和促进其他企业和社会其他领域的发展，我们应该将一般资本转化为优质高效的资本，并将其投资于其他领域。

第二节 融资与投资管理

融资是指企业根据生产经营、外商投资和资本结构调整等需要，通过适当的融资渠道和金融市场获取所需资金的行为。为了开展生产经营活动，任何企业都必须先筹集一定的资金才能开始运营。即使在生产经营过程中，由于季节性和临时性等原因，以及扩大再生产的需要，也同样需要融资。融资是企业资本流动的起点，企业能否筹集资金，稳定资金使用，直接影响企业的生存和发展。融资活动是企业的基本金融活动，企业财务管理重点之一就是融资管理。

一、融资管理的主要内容

（一）明确具体的财务目标

为了实现企业价值最大化的最终目标，企业必须在具体的经营管理过程中确定具体的财务目标，从而对财务融资管理职能的有效实施起到直接的指导作用。融资及其管理过程要服从财务管理的总目标，即提高企业的市场价值。融资过程中体现的财务目标是获得更多资金，融资成本更低，融资风险更小。

（二）科学预测企业的资金需求量

企业再生产过程的实现是以资金的正常周转为前提的。如果资金不足，则会影响生产经营活动正常、有序地进行；如果资金过剩，则会影响资金的使用效果，造成资金的浪费。为此，筹集资金必须保证企业正常周转的资金需要。

在企业进行资金预测过程中，必须掌握正确的预测数据，采用正确的预测方法，如果预测失误，则可能加大财务风险，进而导致企业经营和投资失败。

（三）选择合适的融资渠道和方式

企业融资渠道众多，获取资金的方式有很多种，但是，无论以什么渠道和方式筹集资金，他们都要付出一定的代价，我们称之为资金成本。企业从不同渠道、采取不同方式获取的资金，其成本是不同的，如果资金成本太高，不仅会影响融资和投资效益，甚至还会使企业出现亏损。因此，为了降低资金成本，有必要通过比较各种渠道和筹集资金的方式来选择最佳的资金来源结构。

（四）保持资金结构合理

融资结构指企业在取得资金来源时，通过不同渠道筹措的资金的有机搭配以及各种资金所占的比例，如债务资本和权益资本的比例，在资金来源方面，长期资金占短期资金的比例等。融资风险是指融资中各种不确定因素给企业带来损失的可能性，表现为利率波动和债务破产的风险。但是，在市场经济条件下，企业从不同来源、不同方式筹集资金，用于不同的使用时间、融资条件和融资成本。行业带来的风险是不同的，企业结合不同的融资渠道和模式，必须充分考虑企业的实际运作和市场竞争力，适度负债，寻求最佳的资本结构。

二、资金的筹集原则、融资渠道与融资方式

（一）资金的筹集原则

融资的宗旨是满足企业对资金的需求，最终保证企业价值最大化目标的实现。因此，企业融资时应遵循以下基本原则。

1. 确定资金的实际需用量，控制资金投放时间

合理确定资金的需求量是企业融资活动的依据和前提。资金不足会影响企业的正常生产经营和发展，但资金过剩也会影响资金的使用效益。在审核资金需求时，不仅要关注产品的生产规模，还要关注产品的市场需求，以防止盲目生产和资金积压。同时，要掌握全年投入的资金总额，确定不同月份投入的资金数额，合理安排资金的投入和回收，将融资和使用联系起来。尽可能及时拨款，减少资金占用，加快资金周转。

2. 谨慎选择资金来源和融资方式，降低资金成本

企业融资的渠道和方式均有不同的形式。在资金所有权和使用权分离的情况下，无论采用何种渠道或融资方式，都要付出一定的代价，即资金成本。资金成本因资金来源和融资方式的不同而不同，获取资金的难度也各不相同。在其他条件基本相同的前提下，资本成本水平是选择融资方式和各种融资组合方案的主要标准。企业必须全面考察影响资金成本的各种因素，全面研究各种资金的构成，寻求资金的最优组合，降低资金成本。

3. 合理安排资金结构，努力控制财务风险

企业应当适度负债经营，负债经营必须注意以下问题。

（1）要保证投资利润率高于资金成本。

（2）负债规模要与企业偿债能力相适应。负债过多会发生较大的财务风险，甚至丧失偿债能力而面临破产。

（3）要尽量保持资金结构的稳定合理，保持对企业的控制权。企业不但要利用负债经营提高收益水平，还要维护企业的信誉，减少财务风险。

上述基本原则相互联系又相互制约，在企业进行融资时要综合考虑各原则，并予以平衡，力求找出适合企业的最佳融资方案。

（二）融资渠道与融资方式

融资渠道是指筹集资金的来源和渠道，反映了募集资金的来源和性质。融资方式是指企业获得资金的具体形式。两者既有联系又有区别。同一来源的资金往往可以采用不同的融资方式取得，而同一融资方式又可以从不同的融资渠道获得资金。

因此，要合理确定资金来源的结构就必须分析两者的特点，并合理地加以应用。企业资金周转畅通，企业才能充满活力。资金是企业生产经营的必备条件，所以融资在企业财务管理中显得尤为重要。企业融资有多种渠道和方法，融资时应根据企业实际情况，结合企业实际需求来有效地筹措资金。

三、投资管理

对外投资是指企业在符合国家有关政策法规的前提下，以现金、实物、无形资产或购买股票、债券等有价证券方式向其他单位投资。

（一）企业对外投资的主要原因

1. 企业在经营过程中存在闲置资金

为了提高资金的使用效益，企业须积极寻找对外投资的机会，如购买股票等短期投资，最终目的是获得高于银行存款利率的投资收益率。

2. 分散资金投向，降低投资风险

现代企业资本管理的一项重要原则是使资本分散化，以便降低风险、控制风险。

3. 稳定与客户的关系，保证正常的生产经营

企业为获得稳定的原材料来源，必须与原材料供应商保持良好的业务关系，可通过购买有关企业的股票，或向有关企业投入一定量的资金，控制或影响其经营活动。

（二）对外投资的分类

第一，按照对外投资的目的及期限划分。对外投资按其目的和期限的长短不同划分为短期投资和长期投资，这是对外投资最基本的分类。

第二，按照投资的性质及形式划分。对外投资按其性质和形式不同，可分为有价证券投资和其他投资。

第三，按照投资的经济内容划分。对外投资按其经济内容的不同可分为货币资金投资、实物投资、无形资产投资。

（三）对外投资政策

1. 确定投资目标

企业根据经营总目标，结合自身的实际情况，确定投资目标、选择投资客体即确定向谁投资、投资于何项目等。

2. 选择投资类型

企业根据投资目标，选择进行短期投资还是长期投资；是有价证券投资还是其他投资；是用现金、实物投资还是用无形资产投资等。

3. 进行可行性研究，选择最佳方案

企业应围绕投资目标，提出各种可行性方案，并对投资方案的收益、风险等进行全面分析、综合评价，从中选择最优方案。

4. 组织投资方案的实施

当投资项目完成或在投资项目执行中，要用科学的方法，对投资业绩进行评价。通过评价，总结经验教训，及时反馈各种信息，为以后投资决策提供依据，并适当调整原有投资对象，以利于实现投资目标。

四、证券投资管理

证券是指票面记载有一定金额，代表资产所有权或债权，可以有偿转让的凭证。证券

投资也是有价证券投资,是指把资金用于购买股票、债券等金融资产的投资。证券投资是通过购买金融资产,将资金转移到筹资企业中并投入生产活动,这种投资又叫间接投资。

(一)证券的分类

第一,按性质分类。证券按其性质可分为债权性证券、权益性证券和混合性证券。

第二,按持有时间分类。证券按其持有时间可分为短期证券和长期证券。

(二)企业证券投资的目的

第一,短期证券投资的目的。短期证券投资的目的是为了替代非营利的现金,以便获得一定的收益。

第二,长期证券投资的目的。一是为了获取投资报酬。二是为了获取控制权。

(三)证券投资的风险与报酬

1. 证券投资的风险

进行证券投资,必须承担一定的风险。证券投资风险可划分为以下四类。

其一,违约风险。违约风险指证券发行人无法按期还本付息的风险。

其二,利率风险。股票和债券的价格随市场利率的变化而波动,市场利率上升,证券的价格就会下跌;反之,证券的价格就会上升。

其三,购买力风险。若出现通货膨胀,货币购买力就会下降。

其四,变现力风险。证券在短期内是无法按合理价格出售的。

2. 证券投资的报酬

企业证券投资的报酬主要包括两个方面。一是证券的利息和股息。二是证券买卖的价格收入。

五、债券投资管理

(一)债券投资的特点

债券投资的特点主要如下:

1. 本金的安全性高

债券的利率是固定的,债券本金的偿还和利息的支付有法律保障。债券的发行数量有限,只有高信誉的筹资人才能获准发行债券。

2. 收益稳定

债券可以获得固定的、高于银行存款利率的利息,债券发行人有按时支付利息的义务。

3. 流通性强

债券的流动性仅次于银行存款。当持有者需要资金时，既可以到证券市场上将其卖出，也可以将其作为抵押品而取得一笔抵押贷款。

（二）债券的认购

一是债券的面值认购。债券的面值认购亦称平价认购，款项等于债券的面值。
二是债券的溢价认购。债券的溢价认购亦称超价认购，款项高于债券的面值。
三是债券的折价认购。债券的折价认购亦称低价认购，款项低于债券的面值。

（三）债券投资收益及管理

债券投资收益是指债券到期或卖出时收回的金额与债券购入时的投资额之差。债券投资收益一般由两部分组成：一部分是利息收入，即债券的发行者按债券票面金额的一定比例支付给债券持有者的那部分货币；另一部分是买卖差价，即债券中途买卖时价格往往不一致，当买价低于卖价，卖出者就会获利，相反，卖价低于买价，卖出者就会遭受损失。

债券投资收益率的大小，可以用投资收益率指标表示。债券投资收益率是指每期（年）应收利息与投资额的比率。

六、股票投资管理

（一）股票的目的及其特点

企业股票投资的目的是获取股息收入和股票价格差异作为一般证券投资，并通过购买大量股票来控制企业，股票的主要特点：

其一，持有股票的股东一般有参加股东大会和分配公司盈利的权利。股东权力的大小，取决于股东所掌握的股票数量。

其二，股票变现更容易，持有股票的投资者可以随时出售股票以换取现金。

其三，股票价格由证券收益率与平均利率之间的比较关系决定，也受经济、政治和社会因素的影响。所以，股票价格与票面价值有较大的背离，从而为投机者提供了便利的条件。

其四，购买股票基本上是股东的永久投资，购买后，本金不能退还。股票投资者的收益完全取决于公司的盈利能力，如果公司破产，股东就无法维持本金。

（二）股票投资的优缺点

1. 股票投资的优点

其一是能获得比较高的报酬。
其二是能适当降低购买力风险。

其三是拥有一定的经营控制权。

2. 股票投资的主要缺点

其一，普通股对企业资产和盈利的求偿，居于其他债权人之后。

其二，普通股的价格受众多因素影响，很不稳定。

其三，普通股收入不稳定。

第三节　财报解读与投资分析

一、财务报表分析的目的

财务报表所列报的信息是进行经济决策的主要依据。阅读和分析财务报表的根本目的是充分利用财务报表披露的信息及其分析结果作为决策依据。由于决策者（财务报表使用者）对财务信息的需求不同，因此其分析的具体目的和重点不同。

（一）企业投资者的分析目的

在市场经济中，企业资本来自借入资金和自有资金。其中，借入资金由债权人提供，自有资金由企业投资者投入。投资可以为投资者带来一定的经济利益，但也给投资者带来一定的风险。一般来说，投资回报水平和风险程度是他们最关心的。投资回报体现在两个方面：一是从税后净利润中分配的股利；二是从企业集中增值中获得的资本利得。为了保证投资决策的科学性和合理性，投资者主要关注企业的盈利能力、偿付能力、资产管理效率、现金流状况等信息。除上述信息外，还可以通过财务报表和财务报表的分析，进一步分析和评估实现企业预期收益的过程。为投资决策和绩效考核提供依据，包括企业预期收益的实现程度、经营业绩、财务环境、财务风险等。

（二）债权人的分析目的

债权人是提供资金给企业并得到企业在未来一定期限内按时还本付息的人。他们向企业借出资金的目的是在债务人能如期归还借款的前提下取得一定的利息收入，如果债务人到期不能还本付息，则债权人的利益就会受到损害。因此债权人最关心的是企业的偿债能力、企业资本结构、长短期负债比例以及借出资金的安全性。这些信息都可以通过阅读和分析财务报表来获取。

（三）企业经营管理者的分析目的

对于经营管理者等内部用户，财务报表分析涵盖了最广泛的内容。它不仅涵盖了投资者和债权人的所有分析目的，还评估和考核了企业生产经营计划和财务预算的完成情况，并为企业的可持续发展制定了决策和计划。通过阅读和分析财务报表，企业管理者发现经营管理活动中存在的问题，找出问题产生的原因，寻找解决问题的方法和途径，确保有关企业财务管理目标的顺利实现。

（四）政府监管部门的分析目的

具有企业监督职能的主要部门包括工商、税务、财务、审计等。他们进行财务分析，以便定期了解企业的财务状况，判断企业是否依法经营，依法纳税，依法融资，遵守市场秩序，从各个角度规范行为，履行监督职责。因此，在市场经济环境中，为了维持市场竞争的正常秩序，国家将利用财务分析数据监督和检查企业整个生产过程和操作过程中是否符合国家制定的各项经济政策、法规和制度。

（五）企业内部员工的分析目的

员工不仅关注企业目前的经营状况和盈利能力，还关注企业未来的发展前景。他们还需要通过财务分析结果获取信息。此外，员工通过财务分析可以了解企业各部门指标完成情况、工资与福利变动的原因，以及企业的稳定性和职业保障程度等，从而进行自己的职业规划。

（六）中介机构的分析目的

与企业相关的重要中介机构包括会计师事务所、税务事务所、律师事务所、资产评估公司、各种投资咨询公司和信用评估公司。这些机构站在第三方的立场，为如股票和债券的发行、股份制改革、合资与企业的合并和清算等经济业务提供独立、客观和公平的服务。这些服务需要充分了解和掌握企业的财务状况，所获得的信息主要来自财务分析的结论。

（七）供应商的分析目的

供应商主要是为企业提供产品、原材料、辅助材料的企业和个人。在向企业提供商品或服务后，他们成为企业的债权人，因此他们必须判断企业是否能够支付其商品或服务的价格。从这个角度来看，供应商对企业的短期偿债能力感兴趣，而具有长期稳定合作关系的供应商对企业的长期偿债能力感兴趣。

（八）竞争对手的分析目的

在市场经济中，竞争对手无时无刻不在与企业争夺原材料、供应商、客户、市场份额等，他们会千方百计地获取企业的财务信息和商业秘密，借以判断企业的经营战略、投资方向、优劣势乃至于当前困扰企业的瓶颈问题。因此，竞争对手对企业的财务信息、财务状况的各方面都感兴趣。

二、财务报表分析的内容和原则

财务报表分析是企业财务管理的重要组成部分。它是财务预测、财务决策、财务计划和财务控制的基础。因此,在分析财务报表时,必须了解分析的内容,并遵循一定的依据和原则,使分析结论的质量得到保证。

(一)财务报表分析的内容

财务报表是企业财务状况、经营成果和现金流量的结构表达。企业的交易和事件最终通过财务报表呈报,并通过票据披露。一套完整的财务报表应包括至少四份报表和一份说明,即资产负债表、利润表、现金流量表、所有者权益变动表和附注。

财务报表分析的内容主要是揭示和反映企业的生产经营活动的过程和结果,包括企业融资活动、投资活动、经营活动或金融活动的效率。

因此,财务报表阅读和分析的内容如下:

1. 财务报表分析

财务报表提供了最重要的财务信息,但财务分析并未直接使用报表上的数据计算某些比率指标来得出结论,而是首先尝试阅读财务报表及其说明,阐明数据的含义和准备过程。分析每个项目,掌握报告数据的特征和结构。

从应用角度上讲,财务报表分析可分为以下三个部分。其一,财务报表的结构分析;其二,财务报表的趋势分析;其三,财务报表的质量分析。

2. 财务比率分析

财务比率是基于财务报表的解释和熟悉企业财务报表中披露的基本信息。根据表格中或项目表之间的相互关系,它计算出一系列反映企业财务能力的指标。财务比率分析是财务报表阅读和分析的核心内容,即根据计算指标,结合科学合理的评价标准进行比较分析,以揭示企业的财务问题,客观评价企业的经济活动,预测企业的发展前景。

财务比率分析主要包括以下五个部分:①偿债能力分析;②盈利能力分析;③营运能力分析;④发展能力分析;⑤财务综合分析。

(二)财务报表分析的原则和依据

进行财务报表分析时,财务报表使用者必须遵循一定的科学程序和原则,以确保财务分析结论的正确性。

1. 财务报表分析的原则

在财务报表分析中,要遵循以下原则。第一,相关性原则;第二,可理解性原则;第三,定量分析和定性分析相结合的原则;第四,客观性、全面性、联系性和发展性相结合的原则。

   2.财务报表分析的依据

   财务报表分析要形成真实可靠的分析结果，就必须有科学依据。按照规定要求编制的财务报告和取得的其他相关资料是进行财务分析的主要依据。相关资料分别来自企业的内部和外部，以内部资料为主。

   财务报表分析的依据主要包括以下几个方面：一是财务报告；二是其他相关资料；三是多渠道收集信息。

三、财务报表分析的程序

   财务报表分析的质量决定了财务预测的准确性和财务控制的有效性。因此，在进行财务报表分析时，必须遵循一定的程序，确保财务分析的质量和结论的正确性。财务报表分析工作一般应当按照以下程序进行：①确立分析目的，明确分析内容；②收集资料，对资料进行筛选和甄别核实；③确定分析评价标准；④围绕分析目的，采用适当的分析方法，参考判断标准，分析相关数据，得出结论，并提出相关建议；⑤编制并提交分析报告。

四、财务报表分析的方法

   财务分析的基本方法是一种实用的方法，常用于财务分析的评估、预测、开发和协调。一般来说，有两种财务分析方法：一种是找出问题，另一种是找出原因。也就是比较分析法和因素分析法。

（一）比较分析法

   比较分析法是将分析对象的数值与标准数值相比较，通过两者之间的差异，找出存在问题的一种方法。比较分析是财务分析中最基本的方法之一，也是财务分析过程的起点。比较分析的形式包括实际和计划指标的比较，实际和历史指标的比较，以及实际和工业指标的比较。

（二）因素分析法

   因素分析法基于比较分析法，进一步探讨了比较过程中发现差异的原因。这是一种衡量每个相互关联的因素对财务报表中某个项目差异的影响的方法。通过这种方法，我们可以找出每个相关因素对项目的影响程度，有助于区分责任，更有说服力地评估企业经济管理的各个方面。同时，我们可以找出影响企业复杂经济活动的主要因素，从而集中精力解决主要矛盾，解决问题。

五、筹资分析

（一）企业筹资分析的作用

企业筹资是指从不同筹资渠道筹集和集中资金的活动，以满足生产经营活动的筹资需求。企业筹资是企业经济活动的重要组成部分。在一定程度上，企业筹资的状况决定并影响资金使用的结果和情况。企业的筹资规模决定着企业的经营规模；企业的筹资结构决定着企业的资金运用结构；企业的筹资成本影响着企业的经营效益等。因此，做好企业筹资分析，确保企业生产经营顺利运行，降低筹资成本和筹资风险，提高企业经济效益，具有十分重要的意义。

（二）企业筹资渠道与方式

1. 企业筹资渠道

第一，国家资金。国家资金是指国家通过财政拨款等方式向企业提供的资金。包括国家对一些新建大型、重点项目或企业的投资；财政贴息；国家及有关部门认购股份制企业股票等。

第二，专业银行信贷资金。专业银行信贷资金指企业从各专业银行取得的各种信贷资金。它们是企业筹资的重要渠道之一。

第三，非银行金融机构资金。非银行金融机构主要指信托投资公司、租赁公司、保险公司及信用社等。非金融机构资金是指从上述机构取得的信贷资金。

第四，其他企业单位资金。其他企业单位资金指企业从国内其他企业单位（除银行及金融机构外）取得的资金。取得方式有入股联营、债券及商业信用等。随着现代企业制度的建立，这种筹资方式将会有较大发展。

第五，企业留存收益。企业留存收益指企业从税后利润中提取的公积金和未分配利润等。

第六，民间资金。民间资金指从城乡居民手中筹集的资金如企业可通过发行股票、债券等方式吸收民间资金。

第七，境外资金。境外资金指从国外以及我国港、澳、台地区的银行等金融机构、企业等经济组织及个人手中筹集的资金。

2. 企业筹资方式

其一，股票。股票是股份公司为筹集股本而发行的有价证券，是股东拥有公司股份的入股证明。股票按股东权利的不同，可分为普通股和优先股。其二，债券。债券是企业为获取长期债务而发行的有价证券，持有人拥有发行单位债权的证明。其三，银行借款。银行借款是指企业从银行和其他金融机构获得的各种短期和长期贷款，包括基本建设贷款、流动性贷款等。其四,租赁。租赁是指出租人在一定时间内向承租人提供某一项目以供使用,承租人根据合同分期向租赁人支付一定的租金。租赁根据其性质分为两类:经营租赁和融资租赁。其五,补偿贸易。补偿贸易是一种贸易方式,指外国企业首先向国内企业提供机械设备、技术专利等的贸易模式。项目投产后,国内企业按照项目生产的产品或双方约定的其他产品分阶段付清价款。其六,合资经营。合资经营包括国内联营和中外合资经营等。其七,商业信用。商业信用指在商品交易中,买卖双方采取延期付款或预收货款方式购销商品所形成的借贷关系。其八,应计费用;应计费用是指企业已经发生但未支付的各种费用和资金,如应付税款、应付利润、应付工资、预付费等。

(三)企业筹资分析要求

1. 筹资合理性

企业筹资合理性包括筹资数量合理性、筹资结构合理性、筹资时间合理性。

(1) 筹资数量合理性

筹资数量合理性是要求企业筹资数量应以满足企业最低生产经营为标准。筹资过多会造成浪费;筹资不足则会影响生产经营顺利进行。

(2) 筹资结构合理性

筹资结构合理性意味着筹集资金不仅适合数量上的生产发展,而且适合各种基金结构的生产需要。包括固定资金和流动资金结构,长期资金结构和短期资金结构等。

(3) 筹资时间合理性

筹资时间合理性是指筹资时间与需要时间相衔接,资金过早或过晚进入企业都会影响企业生产经营。

2. 筹资合法性

筹资合法性包括筹资方式合法性、筹资用途合法性和还本资金合法性等。

(1) 筹资方式合法性

筹资方式合法性是指企业各项筹资都必须符合党和国家的各项政策法规,如企业发行债券和股票必须经有关部门批准,临时吸收资金必须符合结算制度规定,不能长期拖欠等。

(2) 筹资用途合法性

筹资用途合法性是指不同的筹资项目有着不同的用途,企业不能随意改变筹资用途,如企业不能将筹集的经营资金用于建设住宅等。

(3) 还本资金合法性

还本资金合法性是指还本资金的来源必须符合国家制度规定,不能将应由税后留利还贷部分改为税前还贷,或列入成本。

3. 筹资效益性

筹资效益性是指企业应以尽可能低的资金成本，取得尽可能高的资金效益。

4. 筹资风险性

筹资风险性是指企业由于筹措资金给财务成果带来的不确定性。

（四）企业筹资分析内容

为充分发挥企业筹资分析的作用，满足筹资分析的要求，企业筹资分析应包括以下三项内容。

1. 企业筹资成本分析

企业筹资成本由于筹资方式不同而有所区别，进行筹资成本分析，就是要在明确各筹资成本计算方法的基础上，分析各筹资成本及综合资金成本升降的原因，研究企业如何能以较低的资金成本取得生产经营所需资金。

2. 企业筹资结构分析

企业筹资结构从不同角度划分为不同的结构。企业筹资结构分析主要基于资产负债表信息，研究债务结构和所有者权益结构，短期债务和长期债务结构，债务内部结构和所有者权益内部结构，分析债务内部结构和所有者权益的变化，判断企业融资的合理性和安全性。

3. 企业筹资风险分析

企业筹资风险是由操作风险和财务风险的共同作用引起的。在操作风险的情况下，当企业使用债务融资时，金融风险将不可避免地出现。企业筹资风险主要是通过分析财务杠杆，研究企业风险与收益的关系，促进财务杠杆的正确运用，提高企业的盈利能力。

六、投资分析

（一）企业投资分析的意义

从经济角度来看，投资是一种与批发和消费相对应的概念。它指的是将收入转化为资产以便在一定时期内在未来产生收入的过程。也可以说，投资是指放弃当前消费而使未来得到更多产出或收益的过程。从个人的角度来看，投资可以分为生产资料投资和纯粹的金融投资，两者都为投资者提供了货币回报。但是，作为一个整体，纯粹的金融投资只是所有权的转移，并不构成产能的增加。

在现代企业制度下，作为独立的法人企业，投资问题成为企业经营发展中的重要问题。企业生产经营各环节对内对外等各方面都存在投资问题。

投资分析实际上是对各种投资项目可行性的分析。在一定的技术条件下，投资可行性分析的关键是经济可靠性。因此，投资分析通常被视为投资项目效益分析的总称。投资分析可分为三类：项目财务分析、项目经济分析和项目社会分析。项目财务分析是从企业的角度分析投资项目；项目经济分析是从国民经济的角度分析投资效益；项目社会分析是从社会公平的角度分析投资收益。事实上，企业投资分析是企业投资项目的财务分析。

由于企业的投资种类或投资项目不同，其所含的内容和特点不同、投资决策中要考虑的因素不同，以及各投资的效益不同等，因此，开展企业投资分析是非常必要的。这对于确定和选择合理的投资项目，获得更大的投资回报，保证企业的快速健康发展具有非常重要的意义和作用。

（二）企业投资分析的内容

企业投资分析的内容是十分丰富的，从投资的不同角度看可得出不同的投资分析内容。站在企业经营者的立场上，可以从对外投资和对内投资两方面进行分析。

1. 对外投资分析

对外投资分析主要包括有价证券投资分析和非有价证券投资分析两方面。有价证券投资分析主要包括债券投资分析和股票投资分析。非有价证券投资分析指对企业将货币资金、实物或无形资产投资于其他企业进行联营等所进行的分析。应当指出，随着现代企业制度的建立与完善，企业有价证券投资将成为对外投资的主要形式，因此，有价证券投资分析是企业对外投资分析的重点。

2. 对内投资分析

对内投资分析即对企业自身生产经营方面的投资进行分析，包含的内容比较广泛，如基本建设投资、更新改造投资、追加流动资产投资等，但最关键的是固定资产投资。因为固定资产投资规模大、时间长，另外它决定并影响着生产过程中其他投资，如存货等资产的规模直接受固定资产投资规模的影响，所以，我们将着重对固定资产投资进行分析，包括确定性投资决策分析、风险性投资决策分析和投资方案的敏感性分析。

第四节　营运资本管理与商业模式

一、营运资本管理

（一）营运资本

营运资本（Working Capital）是企业进行日常运营的必要资金。一般而言，营运资本包括现金和所有流动资产，如现金和现金证券，应收账款和存货，也称为总营运资本。简而言之，营运资本是流动资产减去流动负债或净营运资本的余额。

通常，会计人员关注的是净营运资本，并用它来衡量公司避免发生流动性问题的程度。而公司管理层关注的则是总营运资本，因为在任何时候保持适当数量的流动资产始终都是至关重要的。因此，我们采用总营运资本的概念。营运资本的管理不仅包括流动资产的管理，还包括流动负债的管理，使营运资本可以维持在必要的水平，以满足企业运营的需要。

（二）营运资本管理的重要性

1. 流动资产在企业总资产中占有较大的比重

通常，大多数企业的流动资产占其总资产的一半左右，销售企业则更高。较高的流动资产水平容易使企业获得的投资回报率较低；而流动资产过少，又会因流动资产短缺导致企业经营困难。

2. 企业外部融资的基本方式是流动负债

流动负债是小企业主要的外部融资来源，这是因为这类企业资信水平较低，除了以不动产（如建筑物）获得抵押贷款之外，就很难在长期资本市场上进行融资。即使是大公司，也会由于增长过快而利用流动负债进行融资。因此，财务管理人员日常要花费大量的时间进行现金、有价证券、应收账款、应付账款、各类应计费用以及其他短期融资的管理。

3. 企业的风险与收益受到营运资本管理决策的影响

良好的营运资本管理决策不仅应保持对流动资产的最佳投资水平，还应将短期融资与长期融资相结合，以维持这一流动性水平。理想的营运资本管理决策追求较低水平的流动资产和较高水平的流动负债，以提高公司的盈利能力。短期负债直接成本较低，其在总负债中比例越大，公司的获利能力越强，然而，这种获利能力的提高是以增加公司风险为代价的。因此，公司金融管理必须权衡流动资产水平与融资风险以及获利能力之间的相互关系。

（三）营运资本管理的要点

现金周转期不是一成不变的，在很大程度上取决于公司管理的控制。营运资本是需要进行管理的，对营运资本的各项管理措施会影响现金周转期的长短。例如，应收账款周转期的长短根据公司与客户之间签订的赊销信用条款决定，可以通过更改条款而改变绑缚在应收账款上的金额。同样，公司也可以减少在原材料库存上的投资，从而加速存货周转。

对营运资本投资的数量不能是随意的，要进行科学的管理。因为营运资本的投资既有成本又有利益，管理的核心是要权衡成本和利益，从而确定合理的营运资本数量。营运资金过多，偿债能力强，但资金的获利能力低；营运资金少，资金的获利能力上升，但偿债能力下降。所以，维持恰当的营运资金水平需要权衡营运资金的获利能力与到期时债务无力偿付的成本之间的关系。

二、商业模式

（一）概述

价值主张是商业模式的核心。它阐述了公司为何种目标市场提供了什么样的利益，以及公司通过何种特定的能力来提供价值。因此，商业模式的本质是公司如何运作自身并产生收益。它是公司关于其与客户进行交易的商品和服务的陈述，以支付交换为结果。

商业模式是当今战略管理中最被低估和未发展完全的部分诸如戴尔、沃尔玛、谷歌和苹果这样的公司，显示了商业模式这个具有巨大的实际价值的概念。商业模式是相对新的现象，它和公司层面与业务层面的战略规划途径都相关，是一个关于过程的抽象概念。

商业模式的实施需要把商业转化成有形的因素。商业模式演化并发展成为通用的战略、可用的资源和所施加的策略之间的概念上的联结。一个完整的商业模式提供了价值主张，为动态能力和资源的结合建立了进入壁垒，并且联合内部的成本结构和外部的收入来源，从而产生可持续的收益。

（二）公司战略、资源与策略

1. 公司战略

公司层面的战略为商业模式能否真正利用市场机会提供了背后的原因。公司战略方向使得商业模式保持不断向前，并从整体的角度为所需要的调整提出了反馈。

2. 资源与策略

资源是一家公司可以获得的有形资产和无形资产的集合。每一家公司都会综合其资源和策略，创造独特的能力来发展自身的竞争力，从而支持公司的商业模式并实现公司的目标。对于一个经济上可行的商业模式，资源和策略将会根据其各自的贡献来进行不间断的评估。

（三）商业模式战略、策略与资源

策略使公司能够有效地配置或改装资源的使用，从而顺利地实施公司的战略，并能同时实现公司的竞争优势。一家公司的能力是由其策略形成的。策略合并和调整资源，创造出可以转化为独特过程的动态能力。策略是核心竞争力的源头，它能支持公司的商业模式并使其最终生效。

1. 良性循环

战略、策略和资源之间的互动被定义为良性循环。良性循环是指一个复杂的行为链，它能通过自身的正反馈循环来加强自己。良性循环的结果是有利的，其本质是动态的。公司战略、策略和资源之间的良性循环将会为公司提供合适的商业模式。商业模式的核心组成模块是价值主张、收益模式、成本结构和目标市场。良性循环之间的互动通过对公司的战略、策略和资源的最有效配置，产生这些模块，从而最终实现公司目标。

2. 价值主张

价值主张把效益、特征、产品体验、风险和客户的需求联系在一起。效益是公司产品或服务的价值主张的本质，公司通过产品特征来确认产品的效益，产品的效益也是源于产品或服务的特征。它们通过解决问题，达到预期效果，或通过购买实现用途，从而满足客户的需求。产品特征包括了产品的用途、产品的工作原理、配送方式、开发途径、产品的价格，以及产品与其他产品和服务之间的比较。

3. 风险

由于客户对风险的害怕，愿望和需求的动机就会被减轻。客户的害怕体现在犯错、遗漏、花费过多或过少、转换产品或服务。风险因素会影响到客户潜在的购买欲望，因此也应当被考虑为价值主张的一部分。

（四）商业模式创新

改变现有商业模式或开发新的商业模式的过程被称为商业模式创新。当公司目前的商业模式在产生收入流中失去效力，或无法满足当前市场的需求或愿望时，公司便认识到了商业模式的重要性。当公司将新的产品或服务投放市场，需要改善或扰乱现有市场，或寻求建立一个新的市场时，公司也需要改变现有的商业模式。公司在发展或调整商业模式时，由于战略计划和组织结构并没有为这一过程做好准备，公司将会面临不少挑战。这一过程是十分耗时的，公司必须做到小心谨慎，防止在缺少必要的目标市场调研和反馈的情况下就采取解决方案。公司应该探索和开发一系列的商业模式选项，从而根据战略目标确定最有效和最高效的商业模式。

公司运营的环境会影响商业模式的设计和表现。公司的外部环境可以被看作一个具有创造力的空间，其影响了商业模式的建立和接受。有许多影响加强或限制了这个过程，商业模式的改善受到新客户的需求、新技术和创新的影响。监管趋势、反垄断竞争和法律则限制了商业模式。公司的行为越来越多地受到了日益复杂和动态的市场的影响，理解这些变化并根据外部因素和事件，采取商业模式是十分有必要的。对环境清晰的认识能使公司评估不同的机会，开发相应的商业模式，并对未来商业模式的设想提供灵感，对当前商业模式提出创新。

第五节 资本系族

中国资本系族数量较多，如"德隆系""银泰系""中广系""飞天系""农凯系""朝华系""青鸟系""鸿仪系""斯威特系""格林柯尔系""凯地系""成功系""托普系""明伦系""精工系""飞尚系""升汇系""金鹰系""明天系""新湖系"等。

虽然已经出现并且仍然存在的"资本系"数量比较多，但所涉及的产业和资本部门的内部结构也大不相同，从更高层次来看，资本系的"造系路线"实际上围绕"产业"和"资本"之间的关系，并且大概形成了三条主要路径。

第一条路径是以工业自然扩张为主，以工业经营为主，形成产业集群的"资本体系"，主要以"普天系""上实系"和"华润系"为代表。资本只是一个顶级联系，为行业服务。第二条路径是与金融投资形成产业联系，以资本运营为主要产业，这是典型的"华源系"和"格林柯尔系"。第三条路径基于第二条路径，随着二级市场的炒作，产业只为资本运作服务。这种资本系的荣誉与股票指数高度相关，其中"德隆系"是典型的代表。不难看出，在产业与资本的关系选择上，决定了一个"资本系"终将走向何方。

在当前新兴产业并购重组浪潮下，新型资本系族经营模式包括改造传统产业、拓展新产业、加快上游和下游产业链融合等积极因素，但仍有很大的风险。一些公司实施了大规模的跨境并购热点行业，并购目标存在一个巨大的估值泡沫。未来的盈利前景是不确定的，或者很难达到盈利预期。纯粹的概念投机很难支撑更高的股价。一旦股价暴跌，它可能对资本链产生影响。一些公司在实施并购后存在整合问题。企业文化、制度和经营的整合存在风险。企业核心人才流失、企业空洞化等问题时有发生。快速的并购也可能导致负面影响。资本系族太广泛，战线太长，一旦后续并购重组难以达到预期，容易造成资本链断裂的问题。

尽管如今的资本系族的运作模式更为"聪明"，与产业结合更为密切，也增加了安全感。不过再缜密的设计，也离不开高杠杆融资和循环扩张，这几乎成了所有资本系族得以成型的基本条件，也成为其最大风险所在。一旦市场资金环境收紧，某个融资环节无法顺利运转，就容易导致资本系族资金链断裂；上市公司收购的项目经营失败，资产大幅缩水，或者出现资产价格暴跌，也可能成为整个资本系族崩溃的导火索。

与此同时，如果"造系"的目的不是发展产业而是圈钱，或者实施资本掠夺，那对整个资本市场也是巨大的破坏。资本系族将资本的触角渗透到股市的每一个环节，打造了从股权收购、定增潜入、主导并购到再融资圈钱的完整链条，难免出现利益输送、损害中小股东的行为，并有可能出现违规担保、违规拆借等问题。

不过，监管的日益严格、法律法规的完善、投资者风险意识的增强以及大数据等新型监控手段的运用，使得资本系族违规资本运作的空间大大减少。更重要的是，随着A股市场的不断发展，投资者来源更加多元化，资本系族把控上市公司图谋私利也越来越难。

第四章 收入与分配管理

第一节 收入与分配管理的含义

一、收入与分配管理的概念与原则

（一）收入与分配管理的概念

收入与分配管理是指通过将企业在一定时期内的经营成果在企业内、外部各利益相关者之间进行分配的过程。它是对企业收益与分配活动及其形成的财务关系的组织与调节过程。

（二）收入与分配管理的原则

1. 依法分配原则。国家颁布了相关法规，规定了企业收入分配的基本要求、一般程序以及重要比例。

2. 分配与积累并重原则。在收入分配的过程中，考虑到企业的长远发展，需要恰当处理分配与积累之间的关系。通过将一部分净利润留存于企业内部，可以提高企业应对风险的能力，从而保障企业经营的稳定性与安全性。

3. 兼顾各方利益原则。企业收入分配应当统筹兼顾国家、股东、债权人、职工等多方面的利益，通过维护各利益相关者的合法权益，推动企业的可持续发展。

4. 投资与收入对等原则。投资与收入对等原则要求企业在分配过程中以"谁投资谁受益"为依据，按照投资者的投资比例进行分配，公司章程规定不按持股比例分配的除外。

二、收入与分配管理的内容

（一）收入管理

收入管理的主要内容由销售预测分析与销售定价管理两个方面构成。销售预测分析是以产品的销售为中心的，产品的销售本身就是一个复杂的系统，有关的系统变量很多，如市场需求潜量、市场占有率、产品的售价等。

企业销售各种产品都必须确定合理的销售价格。产品价格的高低直接影响销售量的大小，进而影响企业正常的生产经营活动，甚至会影响企业的生存和发展。销售定价管理是在调查分析的基础上，选用合适的产品定价方法，为销售的产品制定最为恰当的售价，并根据具体情况运用不同价格策略，以实现经济效益最大化的过程。通过对销售定价管理，可以使企业的产品更富有吸引力，扩大市场占用率，改善企业的相对竞争地位。

（二）纳税管理

纳税管理的主要内容是纳税筹划，即在合法合理的前提下，对企业经济交易或事项进行事先规划以减少应纳税额或延迟纳税，实现企业的财务目标。由于企业的筹资、投资、营运、利润分配等日常活动以及企业重组都会产生纳税义务，故这五个环节的纳税管理构成了纳税管理的主要内容。

（三）分配管理

企业的分配管理有广义与狭义之分。广义上的分配管理是指公司将其在一定时期内取得的经营成果依法进行分割的过程，是公司对股东直接或间接移转资金或其他财产（公司自己股份除外）或设定负债的行为。狭义上的分配管理，仅指在公司和股东之间分配股利。分配管理包括弥补以前年度亏损、提取法定盈余公积、提取任意盈余公积、向股东（投资者）分配股利（利润）等内容。

第二节　收入管理

销售收入是企业收入的主要构成部分，是企业能够持续经营的基础。影响销售收入的因素包括销售数量和销售价格，因此收入管理的关键在于预测销售数量和确定销售价格。

一、销售预测分析

销售预测分析是指根据市场调查，结合相关历史资料和信息，通过运用科学的预测方法或经验，对未来某一时期产品的销售数量情况进行估算的过程。在进行预测产品销售数量时，应充分利用现有的产品销售资料，如产品价格、质量、售后服务、推销方法等，并结合外部环境如市场环境、物价指数、市场发展趋势等情况进行分析研究。目前销售预测分析方法可以分为定性分析法和定量分析法两种。

（一）定性分析法

定性分析法是指由专业人员以经验为依据，对预测对象的发展趋势进行预测的分析方法，典型的定性分析法主要包括营销员判断法、专家会议法、专家意见法以及产品寿命周期法。定性分析法通常适用于预测对象历史资料不完备或无法进行定量分析的情况。

1. 营销员判断法

营销员判断法是指由掌握市场情况的营销人员对市场进行预测,再综合各类判断意见进行综合分析最终得出预测结果的方法。营销员判断法建立在企业营销人员对市场的现状、企业的生产和销售情况充分了解的基础上,因而在某种程度上确保预测结果的准确性。该方法的优点在于预测时间短,成本较低,较为实用;但由于仅以营销人员的主观判断为依据,故在预测过程中具有较大的主观因素。

2. 专家会议法

专家会议法是指根据规定的原则事先选择一定数量相关领域的专家组成专家会议组,通过发挥专家的集体思维来预测销售数量的方法。"头脑风暴法"是典型的专家会议法。

3. 专家意见法

专家意见法,又称德尔菲法,是以匿名形式发表意见的方式,即专家成员之间不得交换意见,只能与调查者发生关系,通过反复填写问卷,搜集问卷填写者的共识及各方意见,用来构造团队沟通流程以应对复杂任务难题的管理技术。

4. 产品寿命周期法

产品寿命周期是产品从投入市场到退出市场所经历的时间,一般要经过初创期、成长期、成熟期和衰退期四个阶段。产品寿命周期法是指利用产品销售量在不同寿命周期阶段的变化情况进行销售预测的一种定性分析方法,它是对其他预测分析方法的补充。

(二)定量分析法

定量分析法适用于相关资料比较完整的情况,通常包括趋势预测分析法和因果预测分析法。

1. 趋势预测分析法

趋势预测分析法是指在历史销售量或销售额的基础上进行销售预测的分析方法。趋势预测分析法分为算术平均法、加权平均法、移动平均法和指数平滑法四种。

(1)算术平均法。算术平均法是以历史销售量为样本值,计算其算术平均值作为下期销售量的预测值。该方法适用于每期销售量变化不大的产品的销售预测。在算术平均法下的计算公式为:

$$Y = \frac{\sum X_i}{n} \tag{4-1}$$

式中:Y——预测值;

X_i——第 i 期的实际销售量;

n——期数。

（2）加权平均法。加权平均法是以历史销售量为样本值，按一定权数计算出加权平均数作为下期销售量的预测值。该方法适用于市场变化较大的情况。在这种情况下，离预测期较近的样本值对于预测值的影响较大，离预测期远的样本值对预测值的影响较小，故权数的选取一般应遵循"近大远小"的原则。在加权平均法下的计算公式为：

$$Y = \sum_{i=1}^{n} W_i X_i \tag{4-2}$$

式中：Y——预测值；

W_i——第 i 期的权数，$\sum W_i = 1$；

X_i——第 i 期的实际销售量；

n——期数。

（3）移动平均法。移动平均法是以近 m 期历史数据的算术平均值作为下期销售量的预测值的一种方法。由于移动平均法只选用了 n 期数据中的最后 m 期进行计算，代表性较差，因此该方法只适用于销售量略有波动的产品预测。在移动平均法下的计算公式为：

$$Y_{n+1} = \frac{X_{n-(m-1)} + X_{n-(m-2)} + \cdots + X_{n-1} + X_n}{m} \tag{4-3}$$

式中：Y_{n+1}——未来第 $n+1$ 期的预测值；

X_n——第 n 期实际销售量；

m——样本期数。

（4）指数平滑法。指数平滑法本质上也属于加权平均法，它是以预测期的前一期的预测值和实际值为依据，对其过去的变化趋势加入权数因素来预测销售量的一种方法。在指数平滑法下的计算公式为：

$$Y_{n+1} = Y_n + \alpha(X_n - Y_n) = \alpha X_n + (1-\alpha)Y_n \tag{4-4}$$

式中：Y_{n+1}——未来第 $n+1$ 期的预测值；

Y_n——第 n 期预测值；

X_n——第 n 期实际销售量；

α——平滑指数，通常取值在 $0.3 \sim 0.7$ 之间。

当平滑指数取较大值时，所计算的预测值能够反映样本值的近期变化趋势；当平滑指数取较小值时，所计算的预测值反映样本值的长期变动趋势。因此，在进行短期预测或销售量波动较大时，可选取较大的平滑指数；在进行长期预测或销售量波动较小时，可选取较小的平滑指数。指数平滑法的优点在于适用范围较广，运用比较灵活；缺点是在平滑指数的选择上具有一定的主观随意性。

2. 因果预测分析法

因果预测分析法是指分析影响产品销售量（因变量）的相关因素（自变量）以及它们之间的函数关系，并利用这种函数关系进行产品销售预测的方法。因果预测分析法最常用的是回归直线法。

回归直线法（一元回归分析法）下，销售预测的公式为：

$$Y=a+bX \tag{4-5}$$

二、销售定价管理

企业在销售商品前必须确定合理的商品价格，商品价格的高低会对销售数量有直接影响，从而影响企业的获利水平。若产品定价过高，会导致销售数量降低，当销售数量低于保本点时，企业亏损；若产品定价过低，虽然在一定程度上能够刺激销售，但是产品的毛利降低，盈利下降。因此，企业有必要进行良好的销售定价管理，通过制定合理的销售价格，运用合适的价格策略，扩大产品的市场占有率，提高企业的竞争力。

（一）销售定价管理的含义

销售定价管理是在分析现有资料的基础上，通过选择合适的产品定价方法，制定恰当的价格，根据不同的具体情况，采取合适的价格策略，实现企业经济效益最大化的过程。产品定价方法可以分为以成本为基础的定价方法和以市场需求为基础的定价方法两大类。

（二）以成本为基础的定价方法

以成本为基础的定价方法有四种，分别为全部成本费用加成定价法、保本点定价法、目标利润定价法以及变动成本定价法。

1. 全部成本费用加成定价法

全部成本费用是指企业在生产销售产品的过程中发生的所有成本和费用，包括制造成本和管理费用、销售费用以及财务费用等。以全部成本费用为基础进行定价，可以体现劳动者为社会所创造的全部价值。在全部成本费用加成定价法下，单位产品价格以成本费用为基础，加上在销售环节缴纳的消费税、城建税及教育附加费等销售税金以及一定的利润。其公式为

单位产品价格＝单位产品成本＋单位产品销售税金＋单位产品销售利润

全部成本费用定价可以分为成本利润率定价和销售利润率定价。

（1）成本利润率定价。其公式为：

单位产品价格＝单位产品成本＋单位产品销售税金＋单位产品销售利润

＝单位产品成本＋单位产品价格×适用税率＋单位产品成本×成本利润率

整理后得到：

$$\text{单位产品价格} = \frac{\text{单位产品成本} \times (1 + \text{成本利润率})}{1 - \text{适用税率}} \quad (4\text{-}6)$$

(2) 销售利润率定价。其公式为：

单位产品价格＝单位产品成本＋单位产品销售税金＋单位产品销售利润 　(4-7)
　　　　　＝单位产品成本＋单位产品价格 × 适用税率＋单位产品价格 × 销售利润率

整理后得到：

$$\text{单位产品价格} = \frac{\text{单位成本}}{1 - \text{适用税率} - \text{销售利润率}}$$

$$= \frac{\text{单位目标利润} + \text{单位完全成本}}{1 - \text{适用税率}} \quad (4\text{-}8)$$

全部成本费用加成定价法的优点是产品价格保证了企业的制造成本、期间费用等成本费用能够得到补偿后还有一定的利润，产品价格较为稳定，定价方法容易操作；不足之处在于忽视市场供需和竞争因素的影响，缺乏灵活性，忽略产品的寿命周期变化，不利于企业参与竞争。

2. 保本点定价法

保本点定价法的思路是以保本为目标来确定产品价格的方法，采用保本点定价法计算得到的价格是最低的产品销售价格。计算公式为：

$$\text{单位产品价格} = \frac{\text{单位固定成本} + \text{单位变动成本}}{1 - \text{适用税率}} = \frac{\text{单位完全成本}}{1 - \text{适用税率}} \quad (4\text{-}9)$$

3. 目标利润定价法

目标利润定价法是根据预期目标利润和产品销售量、产品成本、适用税率等因素来确定产品销售价格的方法。其计算公式为

$$\text{单位产品价格} = \frac{\text{目标利润总额} + \text{完全成本总额}}{\text{销售量} \times (1 - \text{适用税率})} \quad (4\text{-}10)$$

4. 变动成本定价法

变动成本定价法是指在企业有剩余生产力的情况下增加生产一定数量的产品，这些增加的产品只负担变动成本，不负担企业的固定成本，在确定价格时，产品成本仅以变动成本计算。其计算公式为：

$$单位产品价格 = \frac{单位变动成本 \times (1 + 成本利润率)}{1 - 适用税率} \quad (4-11)$$

（三）以市场需求为基础的定价方法

以成本为基础的定价方法关注的是产品的成本情况，往往没有考虑市场需求，因而确定的产品价格不能满足利润最大化的要求。因此，可以以市场需求为基础制定价格，常用的方法包括需求价格弹性系数定价法和边际分析定价法。

1. 需求价格弹性系数定价法

在市场上产品的供需关系，可以体现在价格的刺激和制约作用上。当需求增大时，产品价格上升，刺激了企业的生产规模；当需求减少时，产品价格下降，抑制了企业的生产。即在其他条件不变的情况下，某种产品的需求量随着价格的升降作用于市场需求。

需求价格弹性系数是指在其他条件不变的情况下，产品需求量随价格的升降而变动的程度，计算公式为：

$$E = \frac{\Delta Q / Q_0}{\Delta P / P_0} \quad (4-12)$$

式中：E——需求价格弹性系数；

ΔP——价格变动量；

ΔQ——需求变动量；

P_0——基期单位产品价格；

Q_0——基期销售数量。

结合需求价格弹性指数，产品销售价格的计算公式为：

$$P = \frac{P_0 Q_0^{(1/|E|)}}{Q^{(1/|E|)}} \quad (4-13)$$

式中：P_0——基期单位产品价格；

Q_0——基期销售数量；

E——需求价格弹性系数；

P——单位产品价格；

Q——预计销售数量。

2. 边际分析定价法

边际分析定价法是利用微分极值原理，通过分析产品的不同价格与销售量组合下的边际收入、边际成本和边际利润之间的关系，进而确定产品定价的一种定量分析方法。其中，边际收入、边际成本、边际利润是指销售量每增加或减少一个单位所产生的收入、成本和利润的差额。当边际收入等于边际成本时，即边际利润为零时，利润将达到最大值，此时的价格就是最优的价格。

（1）当收入和成本函数均为可微函数时，可直接通过对利润函数求一阶导数，得到最优售价。假设售价与销售量之间存在如下函数关系：

$$p = \Phi(q) \tag{4-14}$$

销售收入为：

$$TR = g[\Phi(q)] \tag{4-15}$$

销售总成本为：

$$TC = f(q) \tag{4-16}$$

利润函数为：

$$P = TR - TC = g[\Phi(q)] - f(q) \tag{4-17}$$

对上述公式求一阶导数，得到：

$$P' = (TR - TC)' = TR' - TC' \tag{4-18}$$

式中，利润的导数 $P' = MR$ 为边际利润；销售收入的导数 $TR' = MR$ 为边际收入；总成本 P_0 的导数 $TC' = MC$ 为边际成本。当 $MP = MP - MC = 0$ 时，利润 P 存在极大值，P_0 对应的销售量为 Q_0。若极值点是唯一的，则 $\Phi(Q_0)$ 为最优售价；若极值点不止一个，则可以通过比较极值利润，确定最终的销售价格。

（2）利用微分极值法计算最优售价，得到的结果比较精确。然而往往售价与销售量的函数关系、总成本的函数关系难以确定，并且只有可微函数才能求导，对于非连续型的函数无法对公式求导，只能用列表法计算最优售价。

（3）当收入或成本函数为离散型函数时，可分别计算各种价格和销售量组合下的边际利润，边际利润最小时所对应的价格为最优售价。

（四）价格运用策略

在实际制定价格时，需要根据具体情况选择不同的价格策略，以实现产品市场占有率和竞争力的提高。通常价格运用策略有折让定价策略、心理定价策略、组合定价策略以及寿命周期定价策略。

第三节 纳税管理

一、纳税管理概述

（一）企业纳税管理的概念和特点

1. 企业纳税管理的概念

企业纳税管理是企业内部管理者为了实现企业利益最大化，依据国家法律法规，运用科学的管理手段与方法，对企业纳税过程中涉及的人、财、物、信息等资源进行计划、组织、协调、控制等活动的总称。对企业纳税管理概念的理解需要把握以下几层含义：

（1）企业纳税管理的主体——各类企业

企业纳税管理的主体是负有纳税义务的各类企业，管理的具体执行者是企业内部管理人员。

企业是社会经济运行的基本单位，依法纳税是企业必须履行的义务，其税收法律责任不可以转嫁。特别是在税收法制不断完善的当今社会，纳税管理是企业管理中不可回避且必须做好的工作。

（2）企业纳税管理的客体——企业的纳税活动

企业纳税管理的客体是企业的纳税活动。企业的纳税活动与企业生产经营的各个方面有着密切的联系，涉及企业采购、生产、销售、分配等日常生产经营活动的各个环节，涉及投资、筹资等重大决策活动，涉及与纳税相关的人、财、物、信息等资源的计划、组织、协调与控制。

（3）企业纳税管理的依据——法律、法规、规章、制度

企业纳税管理必须以国家已颁布实施的现行法律法规为依据，这些法律法规包括税法、财务会计法规及相关经济法规等。其中，税法是企业进行纳税管理所依据的核心法规。

（4）企业纳税管理的目标——节约纳税成本

纳税成本是指纳税人在履行其纳税义务时所支付的各种资源的价值，在西方又称"纳税服从成本"。广义的纳税成本不仅包括纳税实体成本，还包括纳税遵从成本，即为上缴税款、履行纳税义务而发生的与之相关的一切费用，既包括可计量的成本，也包括不可计量的成本。纳税成本可以概括为纳税管理成本、纳税风险成本和纳税心理成本。纳税管理成本是指企业办理纳税时支付的办税费用、税务代理费用等。其中，办税费用是指企业为办理纳税申报、上缴税款及其他涉税事项而发生的必不可少的费用，包括企业为申报纳税而发生的办公费和企业为接待税务机关的税收检查、指导而发生的必要的接待费用。纳税风险成本是指由于选择某项纳税筹划方案可能发生的损失，其与方案的不确定度正相关。

方案越不确定,风险成本发生的可能性就越大。纳税风险成本包括税收滞纳金、罚款和声誉损失成本。纳税心理成本是指纳税人可能认为自己纳税却没有得到相应回报而产生的不满情绪,或者担心误解税收规定可能遭受处罚而产生的焦虑情绪。

企业纳税管理是现代企业管理的重要组成部分。纳税管理应服从于企业管理的整体发展目标。在社会主义市场经济条件下,作为市场经济的利益主体,追求利润最大化是企业生产经营的根本目标,企业纳税管理活动也应围绕此目标展开。因此,企业纳税管理的目标是节约纳税成本,降低纳税风险,提高企业资金使用效益,实现利润最大化。

2. 企业纳税管理的特点

包括以下内容:

(1) 目的性

企业纳税管理的目的性是指企业通过对纳税过程中人、财、物、信息等各类资源的计划、组织、协调与控制,以达到减少不合理纳税支出、降低纳税风险、实现企业整体利益最大化的目的。企业纳税管理的目标不是单一的,而是符合企业整体发展目标的一系列目标,减轻纳税负担是纳税管理最本质、最核心的目标。

(2) 合法性

合法性是在法律法规许可范围内进行的,是纳税人在遵守国家法律及税收法规的前提下,在多种纳税方案中,做出选择税收利益最大化方案的决策。企业违反法律法规逃避纳税义务将受到相应的经济制裁、行政处罚或追究刑事责任。征纳关系是税收管理中最基本的关系,税法是处理征纳关系的法律准绳。税务机关要依法征税,纳税义务人要依法纳税。纳税管理是在企业纳税义务没有确定的条件下,通过实施相应的管理措施,实现降低纳税成本与纳税风险的目标。因此,企业纳税管理只能是在合法的前提下进行,应得到征税机关的认可。如果纳税管理超越了这个前提,就有可能演变成偷税、漏税等违法行为,纳税人将受到相应的法律制裁。

(3) 技术性

企业纳税管理是一项专业技术性很强的管理活动。它要求管理者要熟悉国家税收法律、法规,熟悉财务会计制度;熟练运用预测、决策的方法。随着经济的发展,会计制度、税法将日趋复杂,纳税管理的技术含量也将越来越高。

(4) 超前性

企业涉税活动的发生是企业纳税义务产生的前提,从这个角度来看,纳税义务通常具有滞后性。纳税活动发生后再想办法减轻税负是不可能的、要合法减轻税收负担的办法只能是在涉税活动发生之前,通过运用现行税收法律法规,对企业的涉税活动进行事先安排。因此,纳税管理是一种合理合法的事先管理,具有超前性。

(5) 时效性

国家的税收政策法规是纳税人进行纳税管理的外部环境,纳税人只能遵守它而无法改变它，纳税管理受现行税收政策法规所约束。然而，任何事物都不是一成不变的，国家税收政策法规也不例外，随着国家经济环境的变化，国家的税收法律也会不断修正和完善。税收作为国家掌握的一个重要的经济杠杆，税收政策必然会根据一定时期的宏观经济政策的需要而修订，也就是说，当国家税收政策变动时，纳税管理的方案也应及时进行调整。

（二）企业纳税管理的原则和内容

1. 企业纳税管理的原则

包括合法性原则、诚信原则、事前性原则、成本效益原则、整体性原则、风险防范原则、协调性原则、经济性原则。

（1）合法性原则

合法性原则是指企业的纳税管理活动必须严格遵守国家法律法规的规定。纳税主体依法纳税是"税收法治"的核心。国家税务总局提出"法治、公平、文明、效率"的治税思想，并把法治摆在了首要位置。税务机关必须认真执行税法，不得自立章法或滥用职权，有法不依、以权代法、以言代法。纳税人也必须认真履行依法纳税义务。作为纳税人，企业在实施纳税管理过程中必须坚持合法性原则。只有坚持这一原则，才能真正保护自身的合法权益，提高和维护自身信用，企业纳税管理的目标才能顺利实现。

（2）诚信原则

诚信，即诚实守信，要求纳税人具有诚实的品德并信守自己的承诺。诚信原则要求企业在纳税管理中要遵守规则，恪守信用，充分披露信息，及时履行相关义务，不得违背对方基于合法权利的合理期待。诚信原则是现代税收法制的必然要求，也是企业提高和维护自身信用的需要。

（3）事前性原则

事前性原则是指在企业经营行为发生之前对未来将要发生的纳税事项进行预先安排，以获取最大的税收利益。由于税法规定在先，税收法律行为在后，企业行为在先，缴纳税款在后，这就为纳税管理创造了有利条件。企业可以在充分了解现行税收法规政策、金融政策、财会制度等的基础上，事先对未来的生产经营、投资活动等进行全面的统筹规划与安排，寻求未来税负相对较轻、经营效益相对较好的决策方案。

（4）成本效益原则

成本效益原则是指做出一项纳税管理安排要以效益大于成本为原则，即某一方案的预期效益大于其所需成本时，这一方案才可行，否则应放弃。纳税管理可以减轻企业的税收负担，减少现金流出，这已经引起越来越多企业的高度重视。然而，在实际操作中，许多纳税管理方案理论上虽然可以降低部分税负，但在实际运作中往往达不到预期效果，其中有很多方案未考虑成本效益原则，使其在降低税收负担、取得减税收益的同时，却付出了额外的费用，增加了企业的相关成本。纳税管理的目的与财务管理的目的是相同的，都是为了实现企业利润最大化，因此，在纳税管理方案选择上必须考虑成本效益，对方案进行分析比较，决定取舍。

（5）整体性原则

整体性原则是指企业制定的纳税管理方案应符合企业管理的整体目标要求。纳税管理的目的是使企业获取最大的经济利益。企业为获取最大的经济利益，要受到诸多错综复杂因素的影响，这些因素之间有的是相互独立的，有的是相互关联的，而这种关联关系又有两种类型，一种是互补关系，另一种是互斥关系。因此，在确立纳税规划方案时，要详细判断各个因素的关系及对其他因素的影响程度。只有这样，才能最大限度地实现纳税管理的目标。

（6）风险防范原则

纳税风险是指企业的涉税行为因未能正确有效遵守税收法规而导致企业未来利益的可能损失。由于企业涉税活动的复杂性、管理者对税法的认知程度不同等原因，企业的纳税管理活动在给纳税人带来税收利益的同时，也蕴藏着一定的纳税风险。因为税法规定在前，纳税管理在后，所以，征纳双方获得税收信息的不对称性以及对税收政策理解上的偏差是纳税风险产生的主要原因。面对纳税风险，管理者应当未雨绸缪，针对风险产生的原因采取积极有效的措施，预防和减少风险的发生。

（7）协调性原则

一方面，由于征纳双方获得税收信息的不对称性以及对税收政策理解上存在偏差，决定了税务机关在企业纳税管理有效性中的关键作用。因此，纳税管理人应与税务部门保持密切的联系和沟通，多做协调性工作，在某些模糊或新生事物的理解上得到其认可，以提高纳税管理的效率，这一点在纳税管理过程中尤其重要。另一方面，企业在经营过程中，必然要与相关企业发生大量的涉税往来业务，对这些涉税往来业务进行怎样的预先安排，也直接影响着纳税管理的效率。因此，企业与相关企业保持密切的联系和沟通，在不损害对方利益的前提下，获得其理解与支持，使企业制定的纳税方案顺利实施。

（8）经济性原则

经济性原则要考虑两个方面，一是便利，当纳税人可选择的纳税管理方案有若干个时，应选择简单、容易操作的方案。能够就近解决的，不舍近求远。即纳税管理方案的操作方法越容易越好，操作过程越简单越好。二是节约，企业的纳税管理应达到人、财、物的最小消耗。

2. 企业纳税管理的内容

企业纳税管理的内容是指纳税管理涉及的具体范畴，包括企业经营活动的纳税管理、企业纳税活动的筹划管理、企业纳税活动的核算管理、企业纳税活动涉税关系的协调以及企业纳税风险管理五个方面。

（1）企业经营活动的纳税管理

企业经营活动是指企业为完成其经营目标所从事的经营活动。企业的经营活动从企业的设立开始，进入日常的经营活动，至清算结束。从再生产的环节看，企业日常经营活动主要包括采购活动、生产活动、销售活动、经营成果的形成与分配活动；从资金的流转看，企业日常经营活动期间包括资金的筹集与投资活动；从活动内容看，企业日常经营活动主要包括采购活动、生产经营活动和销售活动，每一方面都涉及不同的纳税事项。企业日常经营活动的纳税管理是企业纳税管理的中心环节与核心内容。通过对企业日常经营活动涉税事项进行有效的管理，可以降低企业的纳税成本，取得最大的税收收益。

（2）企业纳税活动的筹划管理

纳税筹划是指纳税人以降低纳税风险、实现企业价值最大化为目的，在遵守国家税收法律法规的前提下，对企业纳税事项进行事先安排、选择和策划的总称。企业进行纳税筹划的核心是成本与收益分析。

纳税筹划的成本，是指纳税人因进行纳税筹划而增加的支出或放弃的资源。纳税筹划的成本主要包括新增的制定和执行纳税筹划方案的成本，因进行纳税筹划而新增的纳税成本，纳税筹划的心理成本、机会成本和风险成本。纳税筹划的收益，是指纳税人因进行纳税筹划而获得的各种利益。纳税筹划收益主要包括因进行纳税筹划而新增的收入、因进行纳税筹划而减少的纳税成本、因进行纳税筹划而新增的货币时间价值和纳税筹划的非税收益。

（3）企业纳税活动的核算管理

纳税核算是纳税企业依据税收法规及会计制度的规定对企业发生的涉税经济活动或事项分税种进行计量、记录、核算、反映，准确传达纳税信息的一种专门工作，纳税管理是综合性非常强的一种管理活动，而纳税核算规范、账证完整是纳税管理最重要、最基本的要求，如果企业会计核算不规范，不能依法取得并保全会计凭证，或会计记录不完整，那么纳税管理的结果可能大打折扣或无效。

（4）企业纳税活动涉税关系的协调

企业从事生产经营活动，不可避免地涉及纳税义务，向征税主体纳税，成为纳税义务人。我国的征税主体主要包括各级税务机关和海关（以下简称税务机关）。

企业要按照税法规定的要求如实、准确、及时地履行自己的纳税义务，税务机关要按照国家税法规定履行自己的征税职责。目前，税务机关对纳税人的税务管理模式为纳税服务、纳税评估和税务稽查并存。纳税服务的目的是帮助纳税人履行纳税义务；纳税评估的目的是发现纳税人的不遵从行为并督促其提高遵从度；税务稽查的目的是打击严重不遵从行为，三者共同构成了税务管理的重要内容，缺一不可。

（5）企业纳税风险管理

企业纳税风险管理是指企业依据税收法律法规及相关经济法规，对其纳税计划、纳税过程和纳税结果进行全面检查和评估,并对发现的问题进行及时纠正的活动。企业纳税风险是企业的涉税行为因未能正确、有效地遵守税收法规而导致企业未来利益的可能损失。由于经济活动的多样性、税法的复杂性和模糊性、管理者对税法的认知程度不同等原因的存在,使得纳税风险成为每个企业纳税活动中必须面对的问题。风险是客观存在的,当然这种风险是可以控制的,通过对纳税风险的管理,可以及时纠正企业纳税活动中存在的错误,最大限度地降低纳税风险,保证企业纳税管理总体目标的实现。

(三)企业纳税管理的工作基础

1. 企业纳税政策管理

企业纳税政策管理是纳税管理的前提条件和重要内容,是企业对自身纳税管理活动中所涉及的税收法律法规以及其他经济政策法规的收集、整理、分析,并应用于纳税管理实践的一系列管理活动。企业对自身纳税管理活动中所涉及的税收法律法规及其他经济政策法规进行系统的收集、整理与分析,有助于提高企业对税法及相关法律法规的理解和认识,有助于企业正确处理生产经营活动中出现的涉税问题,纠正过去纳税中存在的错误行为,促进企业对纳税风险的防范与纳税成本的控制。

企业纳税政策管理是纳税管理的基础环节。企业纳税政策管理必须依法管理,这是纳税管理的前提,因此收集、掌握和了解国家税收法律法规及其相关法规是进行纳税政策管理的基础。

(1)收集纳税政策

每个企业所从事的行业、业务不同,其涉及的税种、纳税环节、适用税率、纳税地点等纳税具体情况也不相同,其使用的税收法律法规也不相同,纳税管理人员应在深入了解企业生产经营、投资、融资等基本情况后,从企业实际情况出发,有针对性地收集、整理与企业经济业务有关的税收政策及相关经济政策。

生产制造企业和流通企业涉及的税种包括房产税、城镇土地使用税、车船税、印花税、增值税、消费税、城市维护建设税、教育费附加、企业所得税等。服务企业涉及的税种主要包括房产税、城镇土地使用税、车船税、印花税、增值税、城市维护建设税、教育费附加、企业所得税等。

(2)纳税政策的分类整理与归档

为了提高纳税政策管理的有效性,企业应在收集纳税政策的基础上对纳税政策进行分类整理。分类整理纳税政策的过程是全面理解税收政策与法规的过程,是发现纳税政策收集是否全面、及时的过程,是将税收政策法规、财务会计法规及其他经济法规融合理解的过程。纳税政策可以采用按税收政策法规、财务会计法规、相关经济法规、涉外税收法规分类整理,对于税收法律法规还可以按税种进行分类整理,整理后将其归档保管,以便及时调用。

(3) 正确理解、运用纳税政策

企业在全面、准确理解纳税政策的基础上，将其正确运用于纳税管理的实践活动是保证企业纳税管理活动合法、有效的前提。企业通过对筹资、经营、投资、理财等各项经济活动的事先周密筹划，利用纳税政策给予的对自己有利的可能选择，从多种纳税方案中进行科学合理的选择和规划，确定最优的纳税方案，降低企业的纳税成本和纳税风险。

2. 企业纳税管理的组织形式

企业纳税管理的组织形式主要有三种：第一种是内部管理，即在企业内部设立纳税管理机构，配备管理人员，对企业的纳税活动进行全面管理；第二种是外部管理（委托管理），即委托外部中介机构（如注册税务师事务所、注册会计师事务所）对企业的纳税活动进行全面管理；第三种是内外管理相结合的管理形式，是指企业将部分纳税事项委托外部中介机构办理，部分业务由企业内部管理。企业选择哪种组织形式，取决于企业的规模、纳税事项的复杂程度及其企业管理者对企业纳税事项的重视程度等因素。企业应根据本单位的实际情况，选择适宜的纳税管理组织形式。

3. 企业纳税管理的运行条件

企业纳税管理的运行条件是指企业外部及企业自身所应具备的一些条件。

（1）企业外部应具备的条件

包括以下内容：

①较完善的社会法制体系及法制环境。健全、合理、规范的税收法律制度，将大大缩小纳税人偷逃税款等违法行为的空间，从而促使其通过税务筹划寻求自己的税收利益，这也是企业逐步成熟和行为理性化的标志。

②税法体系中存在大量的税收优惠及差异。税收法律制度作为贯彻国家权力意志的杠杆，不可避免地会在其立法中体现国家推动整个社会经济运行的导向意图，会在公平税负、税收中性的一般原则下，渗透税收优惠政策。如不同产品税基的宽窄、税率的高低，不同行业、不同经济事项进项税额的抵扣办法，减税、免税、退税政策等。因存在税收的优惠政策，使同种税在实际执行中的差异造成了非完全统一的税收法制，这无疑为企业选择自身利益最大化的经营理财行为，即进行纳税管理提供了客观条件。

（2）企业自身应具备的条件

企业可根据自身生产经营规模的大小、涉税活动的多少选择不同的管理组织形式。管理组织形式确立后，应具备如下条件：

①树立依法管理、正确纳税的意识。

②配备具有良好素质的纳税管理人员。

③建立健全纳税管理制度，明确岗位责任制度和奖惩办法。

④制定与企业经营管理目标相一致的、明确的纳税管理目标。

4.企业纳税管理工作的流程

包括以下内容：

（1）确定纳税管理组织形式。每家企业生产经营规模的大小和涉税业务的繁杂程度各不相同，企业应依据自身的实际情况确定应采取的纳税管理组织形式。

（2）确定纳税管理人员。无论企业确定采取哪种纳税管理的组织形式，均需要考虑纳税管理人员的聘用问题，企业应选用业务素质及职业道德较好的人员作为纳税管理人员。

（3）了解企业的基本情况：在进行纳税管理前，需要了解企业的基本情况，对企业纳税及财务管理情况进行检查。

（4）收集与企业生产经营相关的财税法规。由于企业生产经营的情况不同，所发生的纳税事宜不同，所使用的税收法律法规也不同，因此企业纳税管理者在搞清楚企业基本情况后，应有针对性地收集与企业生产经营相关的税收法律法规，收集与企业生产经营相关的其他经济法规，以此对照检查企业目前纳税管理中所存在的问题。

（5）确定纳税管理目标。纳税管理目标必须与企业的经营目标相一致。企业是以盈利为目的，从事经营活动的组织，企业经营活动是在激烈的市场竞争中进行的，充满着风险，有时甚至面临着破产倒闭的危险。可见，企业必须生存下去才可能获利，同时，企业也只有在不断发展中才能获得永久的生存。因此，企业的目标可以概括为生存、发展、获利。

（6）制定纳税管理制度与流程。没有规矩不成方圆，制定纳税管理制度与流程是为了促使企业纳税管理更加规范且更有效果。针对企业实际纳税情况和纳税管理组织形式所制定的纳税管理制度，包括纳税管理岗位责任制度、纳税申报管理制度、纳税风险控制制度等。纳税管理流程是指与纳税具体制度相配套的各种管理流程。

（7）研究制定纳税管理方案。研究制定纳税管理方案，从广义上讲是指企业整体纳税管理目标、纳税管理原则、组织管理方法的制定；从狭义上讲是指企业依据不同发展时期的具体经营要求所进行的具体纳税方案的研究、设计与制定。

（8）组织纳税管理方案的实施。组织纳税管理方案的实施包括企业整体纳税方案的实施与不同发展时期具体纳税方案的实施。对纳税管理过程中所产生的纳税管理信息要及时进行整理、分析、归档，反映给实际管理部门及人员，以及时纠正错误的行为。

二、企业筹资纳税管理

筹资是指筹集资金。例如，发行股票、发行债券、取得借款、赊购、租赁等都属于筹资。筹资决策要解决的问题是如何取得企业所需的资金。企业在筹资决策时，应该算好税收账，争取以较低的税收成本取得较好的经济效益。

筹资按照取得资金来源的不同可以分为债务资金和权益资金。债务资金是指债权人提供的资金，需要偿还本金和支付利息，有一定的风险，但由于利息支出可以在企业所得税前扣除,所以其资金成本低。权益资金是指企业股东提供的资金,它不需要归还,筹资风险小,但其期望的报酬率高。企业筹资决策活动是一项重要而复杂的工作,企业的决策者在进行筹资活动的纳税管理时,要重点考虑不同筹资方式下税收因素对资金成本的影响,对各种筹资方式进行分析、对比,选择经济、可行的筹资方式,以便降低筹资成本,降低风险。

(一)筹集债务资金的纳税管理

企业筹集债务资金的渠道主要有向金融机构贷款、发行债券、向其他企业或自然人借款等。由于债务筹资债务人支付给债权人的利息可以在税前抵扣,因此债务筹资有"税收挡板"的作用。财务管理中分析债务筹资的资金成本时,都考虑到了借款费用的所得税方面的抵税作用,必须指出的是,国家对不同渠道的债务资金规定的利息费用税前扣除标准不同,超过标准的借款费用不能起到"税收挡板"的作用。因此,企业在进行筹资决策时,应考虑到该因素,根据不同的规定制定不同的纳税管理措施。

1. 企业发生的借款费用应严格划分资本化支出和费用化支出。税法规定企业为购置、建造固定资产、无形资产和经过 12 个月以上的建造才能达到预定可销售状态的存货发生借款的,在有关资产购置、建造期间发生的合理的借款费用,应当作为资本性支出计入有关资产的成本,购置、建造期结束后发生的借款费用不予资本化,应在发生的当期扣除,即资本化的利息支出不应计入当期的财务费用。

2. 严格掌握不需要资本化的借款费用的税前扣除标准。税法对于企业在生产经营活动中发生不需要资本化的借款费用制定了扣除标准。总的原则是合理的借款费用可以在税前扣除。

(二)筹集权益资金的纳税管理

企业筹集权益资金的渠道主要有发行股票、吸收投资等。权益资金的资金成本不包括税收的因素,被投资企业在支付股息、红利时,企业投资者获得的股息、红利所得为免税收入,只要投资期超过 12 个月,则分得的股息、红利免征企业所得税。自然人投资者收到的股息、红利所得,由支付方代扣代缴个人所得税。另外,在吸收非货币性投资时,投资方和被投资方都要考虑到流转税的问题。

三、企业投资纳税管理

企业对外投资是指企业为通过分配来增加财富或谋求其他利益,而将其资产让渡给其他单位所获得的另一项资产。

企业对外进行的投资,从性质上划分,可以分为权益性投资和债权性投资。企业对外投资都要发生货币性或非货币性流出,并期望取得更多的现金流入。企业对外权益性投资的纳税管理的重点,一方面是准确确定投资的计税基础,当投资转让或收回时准确计算投资转让所得,另一方面在投资的取得、持有及处置环节正确处理、投资的会计处理与税法的差异。如果企业以非货币性资产投资,企业还应正确确认非货币性资产转让所得及其所涉及的流转税等纳税事项。

(一)企业权益性投资的纳税管理

1. 初始投资成本计税基础的确定

企业权益性投资按对被投资单位的影响程度划分,可以分为对子公司投资、合营企业投资、联营企业投资和对其他企业投资。投资企业根据对被投资企业单位的影响程度以及是否存在活跃市场、公允价值是否可以可靠取得等情况,对长期股权投资分别采用成本法和权益法进行会计核算。无论采取哪一种方法,都不会改变所得税的处理方法。

2. 长期股权投资收益的确定

会计核算采用成本法,当被投资企业宣告分派现金股利或利润时,投资单位要将被投资企业分派的现金股利或利润记入"投资收益"科目。税法中规定股息、红利等权益性投资收益,除国务院财政、税务主管部门另有规定外,按照被投资方做出利润分配决定的日期确认收入的实现。因此,居民企业之间的投资收益在进行企业所得税的汇算时要调减应纳税所得额。

3. 期末长期股权投资发生减值

投资企业的长期股权投资无论采取成本法还是权益法,投资企业均应当在会计期末判断其投资是否存在减值迹象,如果发生减值,应该计提减值准备,计入资产减值损失,税法规定,未经核定的资产减值准备不得在税前扣除,只有在长期股权投资符合条件并经过税务机关审批后才可以在税前扣除。当企业计提了长期股权投资暂时性差异时,期末要通过递延所得税进行调整。

4. 处置长期股权投资

投资企业处置长期股权投资时,应将出售所得的价款减除长期股权投资的账面价值,确定处置损益,记入投资收益账户的借方或贷方。

5. 非货币性资产投资的纳税管理

(1)非货币性资产投资的流转税

非货币性资产,是指库存现金、银行存款、应收账款、应收票据以及准备持有至到期的债券投资等货币性资产以外的资产。投资企业用非货币性资产进行对外投资时,对于投出的存货、固定资产、无形资产,应缴纳增值税等。

(2)非货币性资产投资的所得税

企业以非货币性资产对外投资,应于投资协议生效并办理股权登记手续时,确认非货

- 83 -

币性资产转让所得的实现。转让所得的计算以公允价值减除计税基础后的余额确定。企业以非货币性资产对外投资确认的非货币性资产转让所得，可在不超过5年的期限内，分期均匀计入相应年度的应纳税所得额，按规定计算缴纳企业所得税。

（二）企业债券投资的纳税管理

1. 企业债券投资利息收入的纳税管理

目前，企业的间接投资主要为企业债券投资。企业购买债券的主要种类有国债、金融债券、企业债券等。企业购买债券获取的收入来自债券的利息收入和转让收入。企业购买的债券中，取得的国债利息收入免征企业所得税，其他债券的利息收入应该缴纳企业所得税。因此，企业对于债券投资取得的利息收入，应该分别核算，分清应税收入和免税收入。对于国债利息收入，应按以下规定执行：企业从发行者那里直接投资购买的国债持有至到期，其从发行者那里取得的国债利息收入，全额免征企业所得税。

2. 企业债券投资转让收入的纳税管理

企业债券投资转让应在转让债券合同、协议生效的日期，或者债券移交时确认转让收入的实现。企业投资购买国债，到期兑付的，应在国债发行时约定的应付利息的日期，确认国债转让收入的实现及企业转让或到期兑付债券取得的价款，减除其购买债券的成本，并扣除其持有期间利息收入以及交易过程中相关税费后的余额，为企业转让收益（损失）。企业转让债券，应作为转让财产，其取得的收益（损失）应作为企业应纳税所得额计算纳税。

四、企业营运纳税管理

虽然不同行业的生产或营运各不相同，但概括起来主要包括消耗材料、使用固定资产和无形资产、发生人工费用等事项。企业在生产或营运过程中，还可能发生存货、固定资产和无形资产改变用途及发生非正常损失等情况。这个环节的涉税事项主要与企业所得税的核算相关，还会涉及房产税、城镇土地使用税、个人所得税、增值税等税种。

（一）生产过程中消耗材料的纳税管理

生产过程中消耗的材料是生产成本的重要项目。计算应纳税所得额时，销售成本是各项扣除的内容。企业在成本计算中，要按照税法规定进行发出材料的计价。发出材料的计价方法可以在先进先出法、加权平均法、个别计价法中选用一种，并且计价方法一经选用，不得随意变更。

（二）生产过程中使用固定资产、无形资产的纳税管理

企业的固定资产、无形资产通过计提折旧、摊销的形式形成费用，计提的折旧和摊销的费用可以在计算的应纳税所得额中扣除。企业应根据固定资产的性质和使用情况，合理

确定固定资产的使用寿命和预计净残值，固定资产的使用寿命、预计净残值一经确定，不得随意变更。

（三）生产过程中发生职工薪酬的纳税管理

企业在生产过程中发生的职工薪酬，涉及企业所得税和个人所得税，根据《中华人民共和国企业所得税法实施条例》的规定，企业的职工薪酬只要在规定的范围和合理的标准内，均可以在企业所得税前扣除。企业发生的职工福利费、拨缴的工会经费、发生的职工教育经费，均以工资薪金总额作为企业所得税前扣除的基数，分别在不超过工资薪金总额的14%、2%、2.5%的额度内扣除。

（四）房产税的纳税管理

房产税是以房产为征税对象，以房产的计税余值或房产的租金收入为计税依据，向房产所有人或经营人征收的一种税。房产税应纳税额依照规定的计税余值或租金收入乘以适用的税率计算征收。其中，房产税的计税余值，是指从房产原值中一次性减除10%～30%后的余值。具体的减除幅度由各省、自治区、直辖市人民政府规定。

企业对其经营用的房产要准确确定房产的原值。税法规定，对依照房产原值计税的房产，不论是否记载在会计账簿"固定资产"科目中，均应按照房屋原价计算缴纳房产税。房屋原值应根据国家有关会计制度规定进行核算，对纳税人未按国家会计制度规定核算并记载的，由房产所在地主管税务机关比照同类结构、同等新旧程度的房产予以调整或重新评估。

（五）城镇土地使用税的纳税管理

在城市、县城、建制镇、工矿区范围内使用土地的单位和个人，为城镇土地使用税的纳税人，应当依照规定缴纳城镇土地使用税。城镇土地使用税以纳税人实际占用的土地面积为计税依据，依照规定税额计算征收。城镇土地使用税按年计算、分期缴纳。缴纳期限由省、自治区、直辖市人民政府确定。纳税人新征用的耕地，自批准征用之日起满1年时开始缴纳城镇土地使用税。征用的非耕地，自批准征用次月起缴纳城镇土地使用税。

五、企业利润分配纳税管理

企业在进行所得税汇算时，应在会计利润总额的基础上，加（或减）按照税法规定调整的项目金额，计算出应纳税所得额，作为计算企业所得税的计税依据。纳税调整项目金额包括两个方面内容：一是企业会计处理和税收规定不一致的应予以调整应纳税所得额的金额；二是体现在企业所得税申报表中的税收优惠项目。企业经营成果分配的涉税事项主要涉及企业所得税及个人所得税。企业经营成果形成的纳税管理主要是正确确认应纳税所得额。企业经营成果分配的纳税管理的重点是要处理好企业与法人投资者和个人投资者的分配关系。

第四节 分配管理

一、股利政策与企业价值

（一）股利政策

股利政策是关于上市公司怎样向投资者分配股利的方针和策略。公司在分配当年经营获取的净利润时要依据相关的法律法规，按照法定程序进行分配。首先要弥补以前年度的亏损，若还有剩余则要按照税后利润的10%提取法定盈余公积，为了防范未知的风险，还需要提取一定比例的任意盈余公积。在上述操作之后，才是向股东分配股利。股利政策主要包括以何种形式分配股利、股利支付比率的确定、每股股利的数量以及股利的发放时间等几个方面的内容。其中最重要的是股利支付比率的确定，它最终决定了公司的净利润有多少用于向股东回馈，有多少用于公司的再投资发展。

（二）企业价值

企业价值是指企业整体综合价值的评估，即企业的有形资产和无形资产的总体市场评价。企业价值不等于公司利润表中记载的净利润，因为净利润只是公司整体资产价值所创造出来的一部分；企业价值也不是企业资产负债表中所登记的企业资产的账面价值，因为有企业信誉的存在，企业的实际价值往往要高于资产的账面价值。一般来说，企业价值是指该企业预期未来自由现金流量以其加权平均的资本成本率为贴现率，折现到当前的价值。它与公司的财务决策有着密切的关系，体现了公司货币资金的时间价值以及未来的可持续发展能力。

（三）适当股利政策的选择

财务管理能力对于公司的长远发展有着深远的影响，而股利政策作为企业财务管理三大核心之一，在公司的经营发展过程中始终占有重要地位，与公司的投融资决策密切相关。一个适当的股利政策不仅可以推动公司的发展，而且可以最大限度地实现公司的价值，使企业获得更多的收益。

二、利润分配制约因素

利润分配是指公司对当年经营获得的净利润进行分派的活动。利润分配既是对投资者的投资回馈，同时也是公司内部筹资的重要途径。两者之间如何进行分配和协调，对公司的未来发展有着重要的影响。现实中，公司的利润分配方案往往会受到各种因素的影响，如法律因素、现金支付能力因素、资本成本因素、企业拓展因素等。

（一）法律因素

公司在进行利润分配时，首先需要遵循相关法律法规的要求，按照法律规定的分配程序和要求进行分配，不能动用公司的资本去分配利润，也不能在当年并无利润的情况下动用以前年度的留存收益分配利润等，这些都是企业在分配利润过程中需要遵守的，具体要求主要体现在以下几个方面：①资本保全约束；②资本积累约束；③超额累积利润约束。

（二）现金支付能力因素

公司若想用现金的形式进行利润分配，首先必须考虑自身是否有足够的现金支付能力。一般来说，公司有净利润并不意味着公司拥有相应的现金盈余。在现实生活中，往往会出现公司账面上的利润很高，但是却没有现金的情况。大多数是由于企业在发展经营过程中，购置了大量的实物资产或者有很多的应收账款，从而使得公司以前的盈利和当期的利润固定为非现金资产，影响了资产的流动性，使得公司没有足够的现金完成利润的分配。

（三）资本成本因素

在企业的各种筹资方式中，留存收益作为内部筹集资金的一种方式，其资本成本率是最低的，同时筹资途径也是最为可靠的。它可以使企业保持较强的外部筹资能力，将公司整体的资产负债率稳定在一个合理的水平上。但是如果一味地将利润留存在企业内部用于未来发展，而没有进行相应的股利分配，则会打击投资者对公司的信心，引发他们对公司的不满，从而大量卖出公司的股票，这不仅会使公司的股价下跌，影响公司在资本市场中的声誉，而且也会对公司用其他方式进行资金筹集时产生不利影响。

（四）企业拓展因素

当企业处于发展上升阶段时，往往会有很多良好的投资机会，需要大量的资金投入，这时企业会优先考虑公司的未来发展，减少股利支出或者将股利分配置于公司发展之后，将公司盈余的大部分用于扩大再生产，在将来再给以股东更加满意的回报，这种减少股利发放的理由通常可以被多数股东接受。当企业经过一定时间的发展之后，拥有充足的现金流，并且没有更好的投资机会时，可考虑采用较高的股利回报给投资者。

三、股利支付形式与程序

（一）股利支付形式

在通常情况下，股份有限公司发放股利的方式主要有现金股利、股票股利、财产股利和负债股利四种。各种不同的股利支付方式各有其优缺点，需要公司结合自身的财务状况及发展前景进行选择。其中现金股利和股票股利在我国上市企业中应用较为广泛，财产股利和负债股利应用较少。

（二）股利支付程序

股份有限公司在进行股利分配时要依据相关法律法规规定的支付程序进行，首先由董事会提出股利分配的方案，然后交由股东大会进行决议，决议通过之后才能进行股利的分配。在股东大会通过股利分配方案决议之后，要向股东公开宣布股利分配方案，并把股权登记日、除息日以及股利发放日几个重要的日期确定下来。

四、股票分割与股票回购

（一）股票分割

股票分割是指把面值较高的股票分割成几股面值较低的股票的行为。例如，将每股100元的股票分割成四股面值为25元的股票。经过股票分割之后，公司的股票总数量会增多，股票价格会下降，相应的股票面值也会减少。但是股票分割不会改变公司的整体价值，股东权益总额也不会发生变化，股东权益内部各项目相互之间的比例也不变。

（二）股票回购

股票回购是指公司回收流通在外的普通股的行为。在通常情况下，公司回购的股票有两种处理方式，一是作为库藏股留存在公司，另一种则是进行注销，以减少流通在外的普通股数量，降低公司的股本总额。作为库藏股，虽然属于普通股的范畴，但是却不享有普通股的权利，不能流通、不能分配股利、没有投票表决权等。库藏股多用于日后作为股权激励的工具，也可以在日后公司需要资金时出售，但是相关法律法规对公司持有库藏股的期限做出了限制，而我国则规定公司通过回购的股票只能进行注销，不得作为库藏股留存在公司。

股票回购作为替代现金股利的一种方式，它在回报投资者的途径上面与现金股利还是有着本质的不同。现金股利主要是将公司的净利润以货币资金的方式给予股东，而股票回购则是以资本利得的方式让股东获取收益。股票回购会使企业流通的股票数量减少，从而导致每股利润增加，股票价格上升，这时股东卖出持有的股票，就会获得相应的资本利得。另外，由于资本利得的税率要小于现金股利的税率，所以股票回购也就可以给股东带来税收方面的好处。但是现金股利是一种长期稳定的股利支付方式，而股票回购的方式不能经常使用。

第五章 财务绩效管理与创新

第一节 高校财务绩效的内涵

一、高校财务绩效的含义

绩效是组织期望的结果,是组织为实现其目标而展现在不同层面上的有效输出,它包括个人绩效和组织绩效两个方面。在一个组织中,绩效可以分为经营绩效和财务绩效。经营绩效是综合性的,体现为组织目标和任务的达成状况。财务绩效是特定于财务活动而言的,表示的是财务资金的投入与产出之间的关系,即财务活动目标的实现情况。

高校作为一个独立的组织,要想实现其预定的目标,就要依赖于一定的财务活动。以高校财务绩效为例,其具体内涵就是指高校财务活动的效率和效果。高校财务资源的投入与产出之间的比例就是高校财务活动效率的主要关注点。高校财务活动的效果是从结果的角度出发,对财务资源发挥的功能进行评估的,体现的是高校财务资源的运用对实现高校目标的贡献状况。

二、高校财务绩效的特征

(一)多因性

在高校日常的财务活动中,财务绩效的优劣并不是由某一因素决定的,而是受到主客观多种因素的影响,因此高校财务绩效体现出多因性的特征。高校财务绩效既会受到外部环境的影响,也会受到内部工作特征因素的影响,同时还与组织的机制、个体的工作动机等有着密切的关系。

(二)多维性

高校财务绩效的多维性主要体现于对财务绩效进行分析与评估的时候需要从多个维度或者方面去着手,而不能只单一的关注某一个指标。例如,在对某个院系进行绩效考察时,不能仅仅将学生的培养状况作为考察标准,还要将其他多个方面纳入评估范围,如科学研究情况、社会服务情况等,通过对这些指标进行综合评估从而得出最终的结论。

（三）模糊性

与企业有所区别，高校财务绩效通常不能明确地得到测量。高等教育具有多种功能，如政治功能、经济功能、文化功能、社会功能等，由于功能的复杂性和教育过程的长期性，高校财务绩效通常情况下难以体现为具体的指标，因此财务绩效具有模糊性。

（四）动态性

在高校的财务活动中，由于各个部门或者不同个体的绩效会随着时间、具体事务的不同而发生变化，原来较好的绩效可能突然变差，原来较差的绩效也有可能出现好转，因此财务绩效具有动态性。这一特性要求在评估一个人的绩效表现时不能只关注某一时段，应该充分考虑到动态性并且转换思维来看待有关绩效问题。

第二节 高校财务绩效评估控制

当前，我国高校人事管理制度改革正在稳步推进。高校教师的管理将按照按需设岗、公开招聘、平等竞争、择优聘任、合同管理、按劳取酬等原则妥善实施。在传统的高校教师考核中，由于考核目的、考核指标体系、考核方法等都不完善，考核结果往往不够准确，难以对高校教师的绩效做出全面、客观、公正的评估。基于此，需要用现代人力资源管理的理论和方法，对传统的考分方式进行优化，采用现代意义上的、能适应现代高校教师管理要求的绩效评估制度，从而促进高校人事制度改革的顺利进行。

一、建立激励机制

从人力资源管理角度来看，绩效是指主体的工作行为和工作产出，"既要考虑投入（行为），也要考虑产出（结果）"。通常而言，绩效是指工作人员完成既定工作任务、达到工作目标的程度。随着人力资源管理理论和实践研究的不断发展，绩效管理与评估理论逐渐成为高校人力资源管理活动的重要一环。然而，高校人力资源管理和企业的特点有所不同，怎样将企业的资源管理办法有机适当地运用于高校，始终是人力资源管理理论界讨论的重点课题。当前，我国高校教师绩效评估管理体系仍未建立，全面系统的教师绩效评估管理工作还没有完全开展，这就使得高校在进行教师绩效评估的时候缺乏系统性和准确性，从而可能对教师的积极性造成影响，最终限制高校的可持续发展能力和核心竞争力的提高。基于此，对当前的高校教师评估体系进行改革，建立能够激励高校教师的科学合理的绩效管理评估体系是十分必要的。

（一）进行高校教师绩效评估应遵循的程序

第一，绩效评估指标体系与评估方法的确定。在借鉴企业人力资源绩效评估方法的基础上，通过大量的文献研究，结合专家咨询，建立适合高校教师的绩效评估指标体系与评估方法。

第二，绩效评估活动的实施。通过标准化的高校教师评估量表，由高校人事部门对高校教师进行统一评估。

第三，绩效评估结果的分析与反馈。在对高校教师绩效进行评估后，要及时对评估结果进行分析与反馈。通过对绩效评估结果的分析，由高校人事部门结合各学科实际进行评估的反馈工作，有针对性地制定教师奖惩策略。

（二）制定高校教师绩效评估应遵循的原则

1. 相关性原则

相关性原则是指在构建绩效评估指标体系的时候不能脱离实际，要与高校教师的工作绩效紧密联系。高校绩效评估的目的就是要引导、帮助教师达到自身的工作目标，甚至是实现自己的人生价值。因此，在着手制定高校教师绩效评估体系时，要以高校教师的自身发展和自我价值实现为出发点，对评估指标与教师自身发展的相关性进行充分考虑，从而最大限度地确保绩效评估工作的实施能够有效提高教师的工作积极性。

2. 定量指标与定性指标相结合原则

通常情况下，定量指标是指一些客观的数字、业绩指标等，定性指标是指主观性的指标等，这两类指标都是在对教师工作进行绩效评估时不可缺少的。如果在绩效评估过程中只参考定量指标或者定性指标，就会使得绩效评估参考量不完整，绩效评估结果不科学。在实际的绩效评估中，有些绩效指标只能是定性的，不能以直观的数字进行表示，或者说只能通过其他方式转化为数量型参数，如专家评估打分，因此不能只关注某一指标。定量指标和定性指标是相互补充的关系，定量指标能清晰、直观地表述绩效；定性指标则能从另一个侧面来评估绩效。在绩效评估过程中，要将定量指标和定性指标相结合，使其共同服务于绩效评估。

3. 实用性原则

评估指标的制定要具有实用性。评估指标体系要繁简适中，并且计算方法要简便易行，此外评估指标所需要的数据要尽量易于收集。各种评估所需要的数据应该尽可能地从现有的统计资料信息和审计工作开展过程中获取，或者能够通过专家检查获得。设计各项指标的内涵和外延要具体限定，以方便相关工作人员绩效评估工作的进行。

在绩效评估制定时，要保证指标体系中的各个指标都可被用来对高校教师的绩效进行测量和评估，包括能对高校教师之间的工作绩效进行横向和纵向的比较。此外，还要确保绩效评估指标体系能够全面、综合反映各种因素对绩效评估的影响。

（三）高校教师绩效评估的特点

1. 绩效目标的双重性

绩效目标的双重性主要体现在高校教师的个人追求上。就大部分高校教师而言，之所以选择教师为自己的终身职业，源于热爱并且想要在这一岗位上实现自己的人生价值。就价值取向而言，实现人生价值是其选择这一职业的最终目的。但是，作为社会的一分子，教师也会对金钱、地位等有所追求，这种价值取向上的双重性就决定了其绩效目标的双重性。一方面，教师要按照自己的职业要求和学校规定，认真完成各项任务，以获得酬劳、职位晋升等；另一方面，教师希望自己的辛勤劳动能够培养出国家需要的人才，从而实现自身的人生价值。

2. 绩效投入与产出的多样性

高校担负着人才培养、社会服务、科学研究等多种职能，与此相对应，高校教师的工作任务也呈现出多样性，包括教学、科学研究、社会服务等。价值偏好的区别对于高校教师工作任务重心的偏向具有决定性作用，从而导致教师工作行为的多样性。高校教师职能和工作任务、工作行为的多样性决定了其绩效产出的多样性，不仅包括教学成果、科研成果、社会服务效果等多种产出，各种产出形式所占的比重也是多种多样的。

3. 绩效产出的难以衡量性

通常而言，高校教师的绩效产出应该通过教学效果、科研成果、社会服务效果等方面表现出来。此外，高校教师个人的政治思想、专业素质、工作态度也能对高校教师的绩效产出进行一定的体现。因此，无论是哪一项绩效产出，都不可以通过简单的量化指标来衡量。例如，在对教师绩效进行评估时，可以以学生的考试成绩为评估指标，但是教师在教学过程中，对学生潜移默化的指导等提高学生综合素质的教育教学成果就很难通过量化的指标来衡量。

（四）高校教师绩效评估的注意点

1. 正确认识绩效评估的目的和主体

现代人力资源管理理论认为，绩效评估不但能够为员工薪酬的分配、职务的升降提供可靠的依据，而且其真实目的是通过评估让员工认识到自身的优势与不足，使员工在今后的工作中取长补短，不断提高自身的绩效，从而提升整个组织的绩效；与此同时，绩效评估还能够为其他人力资源环节提供必要的参考信息，如人力资源规划、员工招聘等。在高校绩效评估中，被评估的主体是高校教师，这类群体属于知识型群体，其最显著的特征就是较强的自主性、个性和创新性，在对待激励的态度上，不仅注重物质激励，还高度重视精神激励和成就激励，而且与物质激励相比，绝大部分教师更加注重精神激励和成就激励。高校在进行绩效评估时，应充分认识到高校教师绩效评估的目的和被评估主体的特点，根据实际情况进行适当的制度设计，并且通过广泛的宣传、讲解，使得高校各部门和广大教职工正确认识绩效评估的目的和意义，共同推动绩效评估工作的有序进行。

2. 科学制定绩效评估指标体系

绩效评估指标体系在绩效评估工作中具有举足轻重的作用，是绩效评估中最为核心的部分。由于上述高校教师的绩效产出具有多样性和难以衡量性的特点，因此绩效评估体系在制定时应尽量具备多样性、完整性。在设计绩效评估指标体系时，要尽量将高校教师绩效产出的各项内容涵盖其中，还要通过定性和定量相结合的方法，尽量设计出完善的指标体系，以实现对高校教师绩效的科学衡量。在制订绩效评估指标体系时，应首先对各项工作进行全面的分析，在对高校教师工作有了科学、具体的分析了解之后，才能更全面地归纳和提炼出绩效评估指标体系应该涵盖的内容。本书认为，高校教师绩效评估指标体系不仅要确定绩效评估的各项指标，还应确定各个指标在整个指标体系中所占的比重。

3. 选择合适的评估方法

评估方法是否正确和整个评估体系的科学性和评估结果的准确性有着直接的关系。从评估维度上来看，当前大多数研究者认为360度绩效评估法是一种较为合适的评估方法。360度绩效评估法又被称为"全方位绩效评估法"，是指评估者选择被评估者的领导、同事、客户、专家等作为评估人，从各自的角度对被评估者进行评估，从而获得对被评估者全方位、多维度的评估。360度绩效评估法的评估主体多种多样，就高校教师而言，其评估人有领导、同事、学生、本人、专家等。领导是一个部门的掌舵者，其对部门所有教师的情况有比较全面的了解，让领导充当评估人有益于得出更宏观、整体的评估结论；同事是被评估者最亲密的"战友"，他们平时交流最多、沟通最多，相互了解也最多，让同事充当评估人有益于得出更细致的评估；学生是被评估者的教学对象，在教学活动和课后的交流接触中能够最直观地感受到教师的思想素质、工作态度和教学水平等，让学生充当评估者能够使得评估结果更客观；被评估者本人对自己进行评估，能够做到及时反思，对自己有更清楚的了解，从而有益于激励自己取长补短；专家是某一领域的权威，他们有着丰富的实践经验和理论知识，让专家充当评估者能够对被评估者的专业素质、学术水平、教学成果等有更精准的评估。这种360度绩效评估方法从采用方式上来看也是多样化的，依据指标内容和评估主体的不同，采取不同的方式。

4. 建立有效的评估结果反馈机制

绩效评估体系还有一个十分重要的组成部分就是评估结果反馈机制，其与评估的目的能否真正实现有着非常密切的关系。在评估结果生成之后,相关工作人员应该及时将评估结果告知被评估者并与被评估者进行交流沟通,让被评估者认识到自身的优缺点。同时,还应该想办法帮助被评估者充分发挥优势,尽可能地弥补劣势,让被评估者在评估中不断进步和完善,既推动个人工作绩效的提高,也推动整个组织绩效的提高。高校应该将绩效评估结果与人力资源管理的其他环节连接起来,将绩效评估作为"一种师资管理过程",既是师资规划、培养、晋升等的补充,又是对这些管理过程的检查,从而最大限度地发挥评估的作用。例如,可以将绩效评估结果作为职业生涯管理、进修培训的参考信息,从而帮助教师进一步提高自己的能力、开阔自己的眼界、实现自身的价值。

(五)绩效评估量化

绩效是一个多维度的概念,高校通常生产多重产出并使用不同的单位进行测量,因而高校绩效评估体系通常涉及大量多维的评估指标。因此,绩效评估指标体系及相应的评估方法是全面、客观评估高校绩效的关键所在,它直接关系到评估的科学性、客观性、公正性以及绩效评估实施的效果。指标体系的建立是进行预测或评估研究的前提和基础,它是将抽象的研究对象按照其本质属性和特征的某一方面的标识分解成行为化、可操作化的结构,并对指标体系中每一构成元素(即指标)赋予相应权重的过程。为了使指标体系能够全面反映研究对象的特性,尽可能地做到科学和客观,有必要引入一些量化方法或数学模型来帮助评估指标体系构建并对公共组织的绩效进行评估。

二、高校教师绩效评估模型的建立

在对高校教师绩效进行评估时,简单的定性分析方法当然不能准确衡量各个教师的综合绩效水平,而用简单的量化分析方法又不能反映教师绩效的各个因素对于高校教师总体绩效水平的综合影响。因此,在高校教师绩效评估指标体系的基础上,采用层次分析法来对反映各级指标间相互影响因素的相对重要性的权数进行确定,构建模糊综合评估模型来对高校教师绩效水平进行模糊综合评估。其具体评估模型为:

$$B = A \times R \quad (5-1)$$

$$V = B \times X^R \quad (5-2)$$

其中,B 表示评判结果矩阵;A 表示权重集;R 表示模糊评判矩阵;V 表示评估结果;X 表示评语集。

运用该模型对高校教师绩效水平进行评估的具体方法如下所述。

第一,因素集的建立:以教师绩效为评估目标,将目标的要求逐级分解到具体指标,根据指标因素内涵大小和指标间相关程度,划分为目标层、准则层和指标层三级。

第二,评语集(X)的建立:综合考虑各因素对于教师绩效的影响,将评语集确定为 $X = \{高,较高,中等,较低,低\}$,为了便于分析,得到数值结果,可以将评语集具体量化为 $X = \{100, 90, 70, 50, 30\}$。

第三，确定权重集（A）：评估指标的权重可以表征评估指标的相对重要性大小；权重的合理与否直接影响着综合评估的结果；由层次分析法计算各个指标层的权重大小。

第四，确定模糊评判矩阵（R）：通过专家打分、调查、座谈、讨论和个别访问等方式，对不同性质的评估指标进行分析，得出评判隶属矩阵R。

第五，计算评判矩阵（B）：根据公式$B=A\times R$得到用于评估的评判矩阵B。

第六，得出评估结果（V）：最终评估结果由$V=B\times X^T$得到，最终评分分值越高，说明项目在所有评估指标上的综合表现越佳，从而说明教师绩效水平越高，反之亦然。

三、高校薪工控制

伪造领薪人姓名、不严格执行考勤考核制度、不按考核结果计酬、超付工资或照常支付离职、退休及死亡人员工资等，这是高校教师绩效管理中经常出现的舞弊现象。加强对薪资工作的控制，不仅有利于制约上述舞弊行为的发生，同时也有利于调动广大员工的积极性以提高工作效率和工作质量。

（一）薪工检制的内容

1. 人事职能控制

任何高校的劳动人事部门均要根据高校的实际情况提出员工规划、工资预算、分配计划及培训办法等。如根据高校现有员工状况及未来发展需要，提出员工规划；根据员工规划、劳动法及其他相关的法律法规、高校工资制度，提出工资总额预算；根据高校员工分布情况及工资总额预算、工资分配制度，提出工薪分配计划和考核奖惩办法；根据员工素质状况，结合具体工作和未来发展规划，提出员工培训计划（包括岗前培训、常规教育、业务技能培训、专职脱产培训等）。上述计划编出后，应由高校最高管理者批准并授权劳动人事部门去执行。高校最高管理者还应授权劳动人事部门指定专人负责工资单的编制工作，指定专人负责人事档案的记录和保管工作，负责员工考核结果的兑现。

2. 工资计算控制

任何高校均应建立工资计算制度，选择适合本高校的工资标准和计算方法。工资一般应包括基本工资、奖金及工资性津贴。

工资计算制度主要包括以下各项内容。

第一，健全考勤制度，考勤制度应明确规定各类假期的期限与工资待遇。日常考勤工作应由教师所在部门执行，劳动人事部门应加强检查和监督。

第二，员工请假，应填制请假单，在其部门领导签字之后自行送到人事部门，在审批权限内劳动人事部门直接审批，倘若超出权限则报高校管理者审批，请假获准后，由劳动人事部门通知员工并由考勤人员进行登记。

第三，加班记录及劳动定额完成记录应由员工所在部门领导签字核准后，送交劳动人事部门认可。

第四，工资结算部门根据日常考勤记录，劳动（工作）定额完成记录、请假记录及考核结果的相关记录，按照高校工资计算规定及时编制工资单和计算奖金及各项社会保障金扣款额，经复核无误后交财务部门。财务部门根据员工工资所得，计算代扣个人所得税额、其他代扣款和实发工资，进行相关财务处理。

3. 工资发放控制

如果用现金发放工资，应以装工资袋为宜。工资发放，高校应根据工资表实发数总额，以现金支票提取现金；然后根据个人实发数，分装个人工资袋；当时发生差错，当时查清，不得留到签领后再查。以现金发放工资时，个人应在工资表上签收，凡遇缺席，应将工资袋妥善保管，绝不可交由他人代转。若以现金发放工资，装好工资袋后一般不可将其分送各部门主管代发。

（二）薪工控制的重点

1. 人力资源规划控制的重点

（1）人力资源计划须每年、每季更新；（2）人力资源规划是全面性的，需考量升迁、教育、训练、薪资、激励、福利等项目；（3）达到所需可用人力资源的"前置时间"，在做人力资源规划时应予顾及；（4）人力资源如有"冗员"，会造成员工劳逸不均与挫折感，应极力避免；（5）员工职业规划的制订，应考虑个别员工的能力、个性等差异，并且具有前瞻性，必要时可采纳员工的意见，以使其对高校产生认同感。

2. 招聘作业控制的重点

（1）招聘和选拔的基本目的是增加选择适当人员的成功率，因此招聘、选拔方式的选择，要视其个别情况及应用此种方式的可信度及有效度而定；（2）员工均须经审核或测试合格后，方可依规定聘用；（3）人员选拔，除注意学历及经历外，应测验其学识、专业技能，并重视操守品德及身体健康，此外，亦可函询应征者过去服务高校主管的评语意见，作为取舍参考；（4）新进人员招聘和选拔作业程序应依高校规定办理，应征应缴的文件表格须齐备，各阶层人员的任用应依规定的核准权限办理；（5）选拔时，避免主观印象及给予规定外的承诺，双方均应坦诚相向；（6）选择的招聘方式务求客观公正，为高校遴选最优秀的人才，制订的招聘条件须保持适当弹性，当市场人力供应不足时，不妨稍微放宽，人力剩余时，条件不妨稍严。

3. 聘用作业控制的重点

（1）经营财、物人员必须有必要的担保手续；（2）按规定办妥一切手续，并建立员工个人基本资料；（3）工资标准依照规定办理。

4. 培训作业控制的重点

（1）职前训练须能帮助新人明确了解高校的组织体系、各职掌、各项管理规章、高校文化，进而迅速适应工作环境，熟悉作业程序，发挥工作效能；（2）训练内容应充实、生动，任何课程均有充分准备；（3）负责安排、设计训练课程的人员或部门必须适当，训练可提升员工的生产力，具有前瞻性，应与高校各项政策相互配合；（4）训练研习计划必须与人力规划密切配合，同时视业务需要，设计适当课程。训练期间尤其应重视考核，并将受训成绩列入人事记录，作为派遣、升迁的重要参考依据；（5）管理者对下属受训的表现应予以指导及协助。

5. 考勤考核作业控制的重点

（1）上班及下班时间，应按时考核，如有迟到、早退或旷工情形，均依高校规定作适当处罚；（2）员工请事假、病假、婚假、丧假、产假、公假及特别休假，均依规定办理；（3）员工请假手续、限制天数、证明文件、扣薪办法等，均依规定执行；（4）绩效评估的目的是协助人力资源决策的制定及员工的发展；（5）评估标准与计算方式应事先告知员工；（6）主管与员工讨论评估结果时，双方均要有所准备，主管对员工的评估回馈应具有建设性，同时对员工应充分了解；（7）各级主管为办理员工考绩，应设有考评记录，考核方式应客观、公平。

6. 奖惩升迁作业控制的重点

（1）各部门主管申请奖励员工事项，应依规定签报，同时具有充分条件及佐证，并定期发布；（2）各部门主管申请惩罚员工事项，应依规定签报，必须经过慎重审议，考虑各项因素后再作适当决定；(3)报请升迁人员应符合高校晋级条件，按规定程序报请核定，并依权责发布;(4)现行晋级办法必须具有鼓励作用，有助于高校提拔人才，提高工作士气；(5)奖惩升迁必须做到公平、公正、公开。

7. 工资作业控制的重点

（1）底薪、津贴、加班费，各项扣（罚）款及各项代扣款，应依高校标准及相关法律规定计发。(2)代扣员工工资所得应依下列规定办理：第一，依扣缴率标准表按月代扣；第二，代扣款逐期报缴。（3）代扣保费应依下列规定办理：第一，依员工所得投保的金额按保险金额表列的等级每月代扣；第二，代扣保费逐期缴送相关高校。（4）工资按上、下两期如期发放，工资表经主管签章后办理发放作业。（5）发放现金的，员工必须亲自领取工资袋，并在"工资领取登记簿"上签名盖章，未领的工资必须作适当处理。

8. 福利作业控制的重点

（1）福利措施应合乎高校的负担能力，并让员工满意；（2）福利工作应确实依照规定执行；（3）福利金收支、账务、出纳必须控制良好；（4）职工福利委员会应定期向员工报告公司福利金的收支情形；（5）福利金支用应避免浪费或不必要的支出；（6）各项福利项目应符合员工需求；（7）各项活动的员工参与度应予以加强。

9. 离职、退休作业控制的重点

（1）员工离职、资遣、退休，应查明有关规定慎重处理，有关员工自动要求离职的，应个别查明原因，采取适当措施，以降低不必要的人员流动率；（2）员工离职、退休，应在高校规定时间内提出申请，办妥手续，并做好工作交接；（3）符合资遣条件时，应查明已无其他可供选择的途径，方可资遣；（4）退休员工享有的权利，除已届龄者外，其余经验丰富、办事得力者应设法挽留。

四、绩效评估反馈流程

高等教育进入大众化阶段后，人们越来越关注高等教育质量，其中，进行绩效管理就是提升高等教育质量的重要方法之一。

绩效评估是绩效管理实施的关键环节，其具有非常重要的作用。管理者能够以绩效评估为载体进行人力资源管理，但是绩效评估的最终目的是将组织的目标和个人的目标联系或者整合起来以提高组织的效益。基于此，要想切实实现这个目标就必须将评估结果的处理和运用置于重要的位置上来。本书认为可以通过两条途径对绩效评估结果进行处理：一条途径的主体是高层管理者，实际上就是将绩效分析结果上报给高层管理者；另一条途径的主体是被评估者，即教师本人，就是将绩效评估结果和报告直接反馈给教师个体。在绩效管理过程中，只有高层管理者和教师都积极参与才能实现最终的目标。

（一）高校教师评估目的的特殊性

企业是以营利为目的的，追求最大剩余价值是其根本所在，而高校的职能是培养人才、服务社会和科学研究。高校教师绩效评估的普遍兴起是由于高等教育质量逐渐成为社会关注的焦点，实施教学和管理的直接承担者及其教学管理绩效是高等教育质量的关键所在。因为教育有不可逆性，所以高校进行绩效评估的最大目的是保证教育质量，提高教学效果。具体来讲，高校进行绩效评估的目的有以下几点。

1. 使被评估教师认同对其绩效表现的评估以消除分歧和矛盾。

2. 使教师认识自己的成就和优点，从而有利于教师充满信心地弥补缺陷和不足。

3. 通过沟通，分析问题出现的原因，并根据学校的发展目标共同确定下一个阶段的任务。

（二）高校教师评估客体的特殊性

高效教师评估的客体是教师。高校教师是一个特殊的群体，与其他部门的员工相比，往往具有高学历、专业性强等特点，在个性、价值观念、心理需求、行为方式等方面具有很多特殊性，具体体现在以下三个方面。

1. 高校教师具有较高的素质

高校教师绝大部分都是受过正规化高层次教育的人，具有较高的学历、开阔的视野、博而专的知识、积极的思维方式、强烈的求知欲望、较强的学习能力以及其他方面的能力素养。

2. 高校教师具有强烈的实现自我价值的愿望

高校教师渴望展示自己的才能，喜欢具有挑战性的工作，而且特别注重他人、组织、团队和社会对自身的评估，希望得到认同与尊重，更看重工作的成就。

3. 高校教师具有较高的创造性和工作自主性

高校教师在除授课以外的时间里，从事的大多是创造性的劳动，依靠自身的专业技能进行创造性的思维，不断产生新的知识成果。他们倾向于拥有宽松的、高度自主的工作环境，有弹性的工作时间安排，强调工作中的自我引导、自我管理和自我调节。

在对高校教师实行绩效管理，尤其是在进行绩效评估反馈时，首先必须考虑到教师这个特殊群体的诸多特点。如果忽略了高校教师的这些特点，高校的绩效管理就达不到预期的效果。

（三）高校教师绩效评估反馈流程设计

1. 专家对评估结果进行分析

评估体系和技巧决定着评估结果的可靠性和有效性。但是在绩效评估的过程中往往会存在一些计划之外的实际问题。那么，在对高校教师绩效评估结果进行处理时，就需要专家对评估结果进行分析，而不是通过简单的比较得出结论。专家通过对信息的加工、整理，得出绩效评估对象（高校教师）的评估指标数值状况，将该评估对象的评估指标的数值状况与预先确定的评估标准进行对比，通过差异分析，找出产生差异的原因、责任及影响，最后形成绩效评估的分析报告。采取专家对评估结果进行分析的措施，一方面是为了尽量确保绩效管理的有效性和可靠性；另一方面可以为教师个体和高层管理者提供组织总体的绩效发展概况，并提供相应的诊断建议。这样，教师个体可以确定自己的工作优势和有待于提高的绩效领域；高层管理者也可以据此对教师队伍进行激励管理，帮助教师制订绩效改进的计划，以实现高校的组织效益。

2. 将评估结果反馈给教师

绩效反馈是绩效管理中最关键的一个环节。管理者应把绩效评估所得到的结果真实地反馈给教师，并清楚解释结果的由来，使教师了解到自己工作的绩效，认清自己工作中的不足，进而制订出绩效改进计划。

（1）管理者必须是真诚的，反馈的氛围是恰当的

在进行反馈之前，管理者要做好充分的准备：和教师商定面谈的时间和地点，选择双方都有比较空闲的时间以确保反馈时双方都能集中注意力，认真对待这件事情，而不是走过场。地点最好是选择比较舒适、放松的环境，如小型会议室、类似咖啡厅的休息地点。最为重要的是管理者要熟悉面谈教师的评估资料，不仅包括他的工作情况，还要包括他的背景、经历、性格特点等。只有对反馈对象有了充分的了解，管理者才可能预测到在反馈过程中可能出现的问题以及应对策略，知己知彼，才能百战不殆。这种做法也使教职工在反馈前能够做充分的准备，可以引导管理者重新回顾自己的绩效行为、态度和结果，准备好相关证明自己绩效的依据，准备好要向管理者提问的问题，以帮助自己解决工作过程中的疑惑和障碍。

（2）反馈是对具体行为的反馈

在反馈过程中最忌讳的就是说大话、空话、套话，无论是表扬还是批评，这样的话都不会达到预计的效果。管理者要针对具体的行为和事实给教师作出具体的反馈，用具体结果支持结论，引用数据，列举实例，这样才能让教师心服口服。

（3）管理者要提高沟通技巧

①沟通是人际关系和谐的必要条件，有效的沟通才能够达到好的效果。如果管理者在绩效反馈过程中没有应用有效的沟通技巧，结果只会适得其反。因此，要达到预期的效果，管理者必须提高沟通技巧。沟通必须以平等为原则，保持双向的沟通。过去管理者和员工的沟通往往是上级找下级谈话，以命令、训斥的方式进行，下级只能是被动地接受。这样，教师的真实想法就没有表达的途径，一些好的建议和意见被压制。只有以平等为原则，才能实现有效的双向沟通，才能使全体教师参与到管理活动中来，教师才能意识到是自己在管理自己，这就迎合了高校教师较强的自主意识。

②管理者在进行绩效反馈时首先应鼓励教师对自己的工作进行评估。通过自我评估，

教师能对自己的工作绩效进行认真的反思，从中发现自身的优势与不足。

③少批评多鼓励。绩效反馈的目的不仅是发现教师存在的问题，更重要的是去解决问题。绩效反馈也是管理者对教师进行激励的有效途径。通过绩效反馈，管理者应对教师的成绩给予肯定并表示祝贺；同时，管理者还应该有技巧地提出教师的问题，而不应该直截了当地贬损。通常情况下，当教师意识到自身的绩效问题时都会努力寻求方法改进，如果管理者只是不断地批评，教师会反感，产生防御心理，结果适得其反。少批评多鼓励可以使教师在清楚地认识到自身的不足之后受到鼓励，增加完善自身的动力。

④多问少讲学会倾听。有效沟通的法则是2/8，即20%的时间留给管理者，80%的时间留给员工。在高校绩效评估反馈中，管理者应该在这20%的时间内用80%的时间来提出问题，20%的时间给出自己的建议，甚至是"发号施令"。之所以这样做，是因为管理者通过提问能够引导教师发现自己的问题并作出相应思考，这样能够减少教师的抵抗情绪。此外，一个好的管理者应该是一个好的倾听者，因此要将80%的时间留给教师。

管理者要明确沟通的目的在于解决问题。需要特别注意的是绩效反馈不只是为了发现员工的绩效问题，而是为了就这些问题找出解决途径。因此在管理者与被评估者沟通的过程中，应该将重点放在问题解决上，找出问题的原因，并且针对如何解决问题形成一致的意见。

3. 将专家的分析结果反馈给教师

专家对组织绩效结果的分析能够反映出整个组织的绩效现状，并且能够指出问题和提出改进建议。这就决定了将专家的分析结果反馈给教师既能让教师充分了解当前组织的绩效状况，并且将组织的绩效状况与自身的绩效状况进行对比，发现自己的优势和不足；还能为管理者与教师进行绩效评估反馈面谈提供理论依据。教师可以根据反馈信息提出自己的问题，可以提出相关的建议。这些问题和建议又能够反馈给管理者和专家，继而管理者对这些问题和建议进行综合考虑，专家对这些问题和建议进行分析，从而既为反馈会议的召开做好准备，又有利于促进整个组织的绩效提高。

4. 反馈会议

高层管理者和教师可以通过反馈会议来进行有效沟通。在专家的指导下，高层管理者和教师通过共同改进计划并达成绩效目标的共识，由此使教师的个人目标和绩效改进计划与学校的发展目标和计划保持一致。

第三节　高校科研专项绩效评估

一、高校科研专项绩效评估的原则

（一）经济性、效率性、有效性原则

高校科研专项绩效评估要遵循经济性、效率性、有效性原则，就是指针对财政支出行为及其过程的实际情况进行经济性、效率性、有效性的比较和评估分析，从而对支出的行为过程、执行的业绩、执行结果的优劣等进行判断。经济性、效率性和有效性是相辅相成的有机整体，不可分割。

（二）定量分析与定性分析相结合的原则

定量分析和定性分析相结合的原则要求以定量分析为主、以定性分析为辅。定量分析以指出项目的财务数据采集分析为基础；定性分析则是通过对项目支出的全面、综合因素进行分析，结合相关专家的意见，和定量分析共同评估支出项目的效果，从而更加合理、高效、准确地反映出支出的实际绩效。

（三）真实性、科学性、规范性原则

真实性是保证财政支出绩效评估公正客观的基础；科学性是以项目的实际情况为主，兼顾国家、国际比较标准，将预算标准和实际相结合，普遍适用和个别选择相结合，充分考虑财政支出的特点和运作过程，以真实反映和衡量不同资金使用受益单位（部门）管理和使用财政资金的能力；规范性是评估行为和结果始终贯穿和反映财政资金运作的全过程，强化、规范公共支出项目的选项、审批、监管、审核功能，增强财政资金分配和使用的责任制，使绩效评估对公共支出和预算管理起到激励和约束作用。

二、高校科研专项绩效评估的范围、对象和内容

（一）评估范围

我国高校科研专项绩效评估的范围原则上应当涵盖所有的政府高校科研专项，并对大部分经费实行强制性评估，对于一些规模比较小的经费或特殊经费实行非强制性评估。实行非强制性评估的具体规模标准，可由各级财政部门根据本地区的实际情况确定。

具体确定评估范围时，要从实际出发，慎重考虑以下几个方面：一是考虑能否设计出明确的绩效目标；二是考虑评估成本的高低；三是考虑绩效评估操作的现实可行性。

（二）评估对象

高校科研专项绩效评估的对象就是高校科研专项使用者。从目前来看，主要是机构、项目和科研人员等。

科研机构的范围较广，应该包括所有使用财政科技经费的公共机构，如政府科研管理部门、公共科研机构（大学、科研院所）等。科研项目是一个宽泛的概念，可分不同的层次和研究阶段。

科研人员的评估，属于科研人力资源评估。凡是使用高校科研专项并从事科研活动的人员都应纳入评估的范围，评估科研人员完成任务的数量、质量、科研水平、能力、贡献等。

（三）评估内容

根据国内外评估研究和实施工作经验，高校科研专项的绩效应包括以下五个方面的内容。

1. 适当性

适当性是指专项的目标是否符合国家经济社会发展的总体目标，是否具有紧迫性。主要评估内容包括专项目标和国家经济社会发展目标的相关性；专项目标设置的清晰程度和可评估性，包括目标内容是否清晰、边界是否明确、是否有具体的考核指标；课题设置与专项目标的相关性以及课题设置的协调性。

2. 经济性

经济性是指用最低的成本获取一定质量的资源，如人员、厂房、设备等。它用来衡量资金使用是否节约，主要评估内容包括获取专项研究开发活动所需资源的成本是否合理，实际经费是否超出预算，资金使用和管理是否合法合规等。

3. 效率性

效率性是指专项资源投入与产出之间的关系，即是否能以小的投入得到预期的产出水平，或以既定的投入水平得到最大的产出效果，主要评估内容包括资源投入与项目各项活动任务的匹配情况、资源的使用是否存在浪费、活动的实施是否按照原计划进度进行，项目活动的组织管理是否高效等。

4. 有效性

有效性是指专项目标的实现程度及专项实施效果，主要评估内容包括专项目标的实现程度、专项实施的经济效益以及专项实施对技术、产业和经济社会等方面的重要影响。可见，高校科研专项的绩效评估涉及专项的管理、投入、产出，实施的效率和效果、影响以及合规性管理等各个方面。

5. 特殊性

第一，容易导致科学研究的短期行为。不恰当的评估活动必定会给科学研究带来负面影响，如过于频繁的评估给科研人员造成额外负担，不合理的评估指标对研究起到误导作用。尤其是在评估中强调科学研究在短期内出成果，可能会导致科研活动中的短期行为，从而极大地损害科学事业的基础。

第二，科学经费来源的多元性。科学家的研究成果往往不是在某一个资助机构的单独支持下完成的，而是与其他经费来源共同资助的结果。把这种多渠道资助的成果仅作为某一个资助机构的成果指标，显然是不科学的。科学成果的不可分割性也使资助经费的使用无法计量出相应的产出。

第三，科学成果的难衡量性。科学成果有其自身的特殊性，没有什么定量方法可以真正衡量科学研究的质量。研究结果的许多方面无疑是可以量化的，但研究活动中很多最重要的方面却难以用定量指标来衡量，如科研成果的外部效应、科研成果的后续影响性等。

（四）评估方式

评估方式应该根据评估对象和评估目标等具体情况和要求来确定。就高校科研专项的绩效评估而言，可以考虑采取行政评估、专业机构评估、专家评议等多种方法相结合的方式。

行政评估由财政部组织有关部门进行，并可考虑现有的财政监督职能内增加对绩效评估的要求，扩充绩效评估的内容，逐步使绩效评估成为财政监督工作的重要内容之一。

专业机构评估主要委托社会化的专业机构来完成，财政部门对评估的方法、内容和结果进行审核认定，并对担任评估工作的专业机构进行必要的资格认证。

专家评议法是指该领域或相关领域的专家的评议，即通过一定的方式（如专家意见征询表、专家会议等）征求若干个专家对被评对象的评估性意见，然后对专家意见进行分析与综合。它最早来源于科研领域的同行评议，是国内外科研领域使用非常广泛的一种评估方法。

三、高校科研专项绩效评估指标体系

（一）高校科研专项绩效评估指标体系设置的原则

科研专项绩效评估指标的建立关系到评估结果的好坏，关系到各科研承担机构项目实施的好坏，良好导向的科研专项支出指标体系对于提升专项支出的效益具有至关重要的意义。因此，在设计科研专项支出绩效评估指标体系时必须遵循一定的原则来严格设计。

1. 相关性原则

相关性原则是指科研专项支出绩效评估的衡量指标应该和政府部门的目标、项目的绩效目标以及评估的目标有直接并紧密的联系，从而保证指标评估体系真正能起到评估科研专项支出实施情况的作用。一旦不符合相关性原则，绩效评估指标不仅不能提高产出和支出效果，还会对支出的方向起到误导作用。例如，投入或产出的衡量相对容易，但是与项目成果目标的相关性存在问题，单纯的投入指标或产出指标就不能很好地反映项目的实际影响。由此可知，在指标体系的选取中一定要遵循相关性原则。除此之外，指标的相关性还能够在整个指标体系内形成一种内部制约的关系，从制度上杜绝数据造假现象的发生。

2. 可比性原则

可比性原则是指对具有相似目的的项目选取共同的绩效评估指标，保证绩效考评结果可以相互比较，使不同项目之间的衡量结果可以相互比较。可比性原则十分重要。首先，不可能对每个项目都设计不同的衡量指标，这样既不经济也不具备可操作性，所以要对具有相似目的的项目进行归类，采用相同的指标进行考核；其次，类似项目之间的比较可以提供较为完备的信息，起到节约成本的作用；最后，可以用于分析项目支出没有达到预期目标的原因，帮助找到解决问题的方法，并对同一领域的其他相似项目进行比较，清理交叉、重复的项目，重新有效分配资金。

3. 经济性原则

经济性原则是指绩效评估指标的选择要考虑现实条件和可操作性，绩效信息的获得应符合成本效果原则，在合理成本的基础上收集信息进行评估。对效率和效果的重视是绩效预算的根本，绩效指标的选取也不例外。由于技术或环境等因素使得一些重要指标收集成本太高，就需要考虑一些评估效果一般但收集成本低廉的指标作为替代。经济性原则还要求指标在满足评估目标的前提下尽量精简，减少指标之间的信息重复，选定的指标应承载尽可能大的信息量，从而降低指标信息收集的成本。因此，设计评估指标体系是为了实际应用，不仅设计者会用，更重要的是要使有关使用部门会用。

4. 科学性原则

科学性原则是指所选择的指标应概念准确、含义清晰，指标体系内各指标之间相对独立。科学性原则是绩效评估指标体系在实施中有效发挥作用的基础，坚持概念的客观性，使不同的评估主体对同一概念有相同的理解或评估者和被评估者之间对指标的概念、含义有共同的认识，减少评估过程中的冲突，提高评估效率。指标体系内各指标的相对独立是为了保证指标体系对项目的评估可以提供最大的信息量，也使得某个指标出现失误不致影响到其他指标的作用。

（二）高校科研专项支出绩效评估指标分类

1. 绩效目标指标

绩效目标指标通常包括：科研专项支出目标描述的明确性，绩效目标制订水平（合理性、明确性、可考核性等因素），界定绩效责任的明确性。

2. 投入与支出指标

投入指标是科研专项绩效评估中比较明确和易于测量的指标，包括资金、人力、物力、时间等资源的投入与支出情况，其中资金是重点。产出这里仅指科研专项投入的直接产出，长期的、潜在的结果不在本部分体现，产出的衡量一般通过比较明确和易于测量的指标来确定。

3. 结果和影响指标

结果包括科研专项支出的间接社会效益和长期结果及影响。一般而言，所资助科研专项的长期影响是一种长期的效果，社会效益是项目实施后的正效应，这些均难以通过比较明确和易于测量的指标来反映，在操作中存在一定的难度。

4. 执行效率与管理指标

一方面要反映科研专项资源配置的效率和资源利用的效率，包括科研专项资金分配布局的合理性、绩效的结构合理性、资金使用的经济合理性、投入产出比等；另一方面要反映科研专项承担主体在承担科研专项研究的过程中所体现出的经费管理水平、制度规范化等内容。

（三）不同科研专项绩效评估指标的选择

按照科学研究的对象分类，可以将高校科研专项分为自然科学和人文社会科学两大类。因此，在进行科研专项支出的绩效评估时，还必须充分考虑到学科差异性，针对不同的学科设计不同的评估体系。

1. 自然科学类科研专项绩效评估指标体系

自然科学是研究自然界的物质形态、结构、性质和运动规律的科学，自然科学的主要产出在于客观性的、不以人的意志为转移的规律。自然科学是无国界的，并且多以理、工科类科研专项居多，因此，在设计自然科学类科研专项绩效评估时，应当充分考虑到自然科学的特点，多侧重于可衡量的产出指标，包括经济产出指标和科研创新指标等内容。

2. 人文社会科学类科研专项绩效评估指标体系

人文社会科学是指以社会现象为研究对象的科学，如政治学、经济学、军事学、法学、教育学、文艺学、史学、语言学、民族学、宗教学、社会学等。其任务是研究并阐述各种社会现象及其发展规律，其产出多是关于人类社会运行与发展的系统知识和理论，使人类能够更好地、更有效率地管理社会。因此，在设计社会科学类科研专项绩效评估指标体系时，必须侧重于专项投入的结果、影响指标。

第四节 高校财务绩效与管理制度创新

一、财务绩效与高校管理制度创新的原则

（一）提高绩效的原则

提高绩效原则是指在高校管理制度创新中把办学效益的提升作为一个标准。高校管理制度作为一种规则，其最基本的功能是规范和约束高校活动，保障高校各项活动的正常运转。任何制度都有一定的绩效，高校管理制度也不例外。高校管理制度可以体现为内部绩效和外部绩效。高校管理制度的内部绩效就是这些管理制度规范和约束管理活动的程度，即降低高校管理的交易成本，提高高校管理活动的协调性和有序性。高校管理制度的外部绩效是这些管理制度在保障高校管理活动中的有效产出，如高校的人才培养、科学研究和社会服务情况。高校管理制度的内部绩效是外部绩效的基础和保障，高校管理制度的外部绩效是内部绩效的逻辑归宿。

（二）激发潜在活力的原则

大学的活力主要源于三个方面：（1）源于大学的理念，理念是大学的活力所在，当一所大学能够坚持其理念时，大学的活力就强；当一所大学失去所具有的理念时，大学就失去了其存在的意义，活力自然也就丧失；（2）源于大学组织内部各子系统之间的关系，包括行政与学术、教学与科研、学校与院系、教师与学生等方面，只有各系统之间能够协调一致共同服务于高校目标时，高校的整体活力才得以体现，而这依赖于学校的管理制度；（3）源于大学和外部环境的关系，包括高校与政府、高校与市场之间的关系，高校能否处理好各种关系，坚持自主办学的原则，也关系到其活力状况。

从高校管理制度来说，提高大学活力的核心就在于通过系列的激励机制，形成创新的制度新环境，使高校内部的各个系统迸发活力，进而完成大学所应有的使命，这是经实践证明的课题。

唯有以此为原则构建发展战略与微观设计，才能实现高校的又好又快发展，实现人才培养、科学研究、服务社会的辩证统一。这不仅可以顺应时代的强劲呼唤，而且也是促进高校全面协调和可持续发展的重要手段。

（三）优化资源配置的原则

从教育领域来说，资源配置的实质就在通过科学的战略管理、合理的规划方案，解决

教育服务的产出规模、结构和办学效益等问题。结合上述标准，高校的教育资源配置大致分三个层次：（1）宏观层次方面，国家通过一定的体制和运行机制，统筹安排有限的高等教育资源并将其分配于不同区域；（2）中观层次方面，一定的区域再将本区内稀缺的高等教育资源在本区高校间进行分配；（3）微观层次方面，高校内部对其自身拥有或控制的教育资源进行再分配。其"优化"的核心就是在高校内部资源的利用过程中把握战略重点、重整资源的配置格局，通过采取相应的方案、措施和方法，使资源从低效益的系统向高效益的系统流动，从而提高教育资源利用效益。

二、财务绩效视角下高校管理制度创新

（一）高校财务管理制度创新

高校财务管理是对高校财务资源进行协调配置的过程。根据不同规模，我国高校目前普遍实行的财务管理有"统一领导、集中管理"和"统一领导、分级管理"两种形式。

高校财务管理制度创新，就要结合"统一领导、集中管理"和"统一领导、分级管理"两种形式，实行"统一领导、资金集中、分级管理、内部核算"的财务管理体制。在这种新的财务管理体制下，学校保留统一的财务决策权，即制定学校财务政策、财务规章制度、经费分配政策的权力。同时，按照财权与事权相结合的原则，将部分财权下放给学院分级管理。学院对经费使用进行核算，接受学校对资金使用的全面监督。学校财务管理实行分级管理，必须相配套地推进绩效预算管理，利用绩效预算管理作为学校管理的主线，结合绩效目标实现对全校财务工作的管理和领导，在分解绩效目标的基础上引导院系合理安排使用经费。这种绩效预算管理模式的目的是以绩效目标的实现为引导来提升学校财务绩效水平。

（二）高校人才培养制度创新

人才培养是高校的核心使命之一，也是高校的基础性功能。高校人才培养制度则是高校人才培养工作中所涉及的一系列规章和规则。人才培养始终是大学的第一要务。培养高质量、创新型人才，需要创新培养制度，使学生能够最大限度发挥学习潜能，激发其创新欲望，培养其创新能力。

我国高校在人才培养模式方面不断进行探索，提出了一系列有利于人才培养的思路，这些思路要通过制度化固定下来。这包括：从制度上实行本科生的文理培养，从制度上根除专业化的弊端；建立专业方向的自由选择制度，使学生根据自己的兴趣开展学习；通过完全学分制和有充分选择性的课程制度，使学生能自主地根据个人实际完成学业；建立各种实践制度，让本科生参与到科学研究之中；建立个性化培养制度，培养各类创新型的个性化人才。

（三）高校科研管理制度创新

科学研究就是知识生产的过程。高校科研管理是对科研过程中的主体和客体进行协调和约束，以提高科学研究水平的过程。目前高校科研管理工作基本由科研处负责，而科研处对高校的科研管理在很大程度上仅限于"被动管理"，即上情下达，按要求组织项目申报、检查、总结、验收、鉴定和报奖。这种管理模式已不适应当下促进学术创新、技术创新的要求，其中有高校管理机制的问题，也有科研管理自身的问题。

高校科研活动的日益发展要求更精致的科研管理为其指引方向和提供服务，如何创新科研管理理念、模式、方法，提高科研管理水平是高校科研管理工作者需要不断探索和实践的问题。

科研管理制度创新要重新界定科研管理部门的岗位职责。科研部门应当深入审视自己的管理范畴与管理职责，从自身的岗位设计开始，履行好科研管理的职责，真正做到全校科研工作激励者的角色。

第六章 预算管理改革创新

第一节 高校预算管理的定义

一、预算的定义

预算是指政府机关、团体、事业单位和企业按照法定程序由权力机关审核批准的、在一定期间资源配置的收支计划;同时又是控制过程,其收支活动制约着政府机关、团体、事业单位和企业活动的范围和方向。

高校预算是指高校按照法定程序经学校领导班子集体审议通过后,在一定期间资源配置的收支计划;同时又是控制过程,其收支活动制约着高校活动的范围和方向。

二、高校预算管理的定义

高校财务预算管理是指高校按照其事业发展计划和任务编制的年度收支计划,是高校进行各项财务活动的前提和基础,是指导和考核高校各项财务活动的标准性文件,是高校控制日常支出和组织收入的重要依据。高校的预算包括预算编制、审批、执行、监督等环节。

预算管理是指在管理中对高校的各项经济活动进行预期并控制的管理行为及其制度安排,在管理学中也称为全面预算管理,它是内部控制的重要方法,实行全面预算管理,有利于组织管理效率及效益的提高。

高等学校预算管理就是高校依据学校预算,通过财务活动对学校的教学、科研、行政、后勤等各方面的业务活动进行的管理和监督。高等学校的预算管理包括预算编制、预算执行、预算调整与监督以及预算实施的绩效考核等方面。其根本目的是合理配置高校资源,以便达到明确目标、协调各部门关系、控制日常管理和教研活动、进行绩效考核的目的。

综上所示,高校预算管理是高校根据预算目标,对未来一定时期内的财务收支计划应该怎样去管理的一项经济活动。它包括预算编制、预算审查批准、预算执行、预算调整、预算分析、预算考评、预算监督等一系列的管理活动。

三、高校预算治理职能的内容

（一）审议通过

即政府的预算必须经人民代表大会审议通过；高校的预算必须经"最高财务决策机构"或"学校领导班子"集体审议通过。

（二）公开透明

仅由"人民代表大会"或"领导班子"审议通过还是不够的，因为他们仍是被委托者。第一层次的委托者是全体人民大众。

在资源匮乏时期，预算过程越公开，在对关键资源做出预算决策时，越可能使用客观判断依据而不是权力。

构筑健全而透明的预算和会计制度是良好公共部门治理的基石。工作的核心是要求财政过程透明，即公开。从简单的贪污犯罪到不适当或陈旧过时的财政信息，这些由封闭的和混乱的预算和会计结构带来的问题会影响公众对政府体制的信心。增加透明度，公开政策意图、制定和实施过程，是良好治理的关键要素。

（三）内部控制

企业应当建立预算工作岗位责任制，明确相关部门和岗位的职责、权限，确保预算工作中的不相容岗位相互分离、制约和监督。预算工作不相容岗位一般包括：第一，预算编制（含预算调整）与预算审批；第二，预算审批与预算执行；第三，预算执行与预算考核。由此可见，预算的编制者、审批者、执行者和监督者不能是同一个主体。

（四）审计监督

所有权与经营权的分离，形成了"委托—代理"关系。委托代理关系也存在自身的问题，从经济学上分析主要有两个方面：一是目标函数的差异。公司的委托人往往追求股东权益最大化或资产保值增值；而代理人则追求自己受益最大化。二是信息不对称。在经营管理活动中经营者掌握的信息自然比所有者更多更详细，代理人与委托人之间信息的不对称会产生"道德风险"问题，造成机会主义的寻租行为。掌握信息的代理人对于不完全掌握信息的委托人有可能发生欺瞒行为，这种败德行为表现为偷懒行为和监守自盗等。在"弱所有者，强管理者"的情况下，所有者对经营层提供的财务信息有怀疑，需要一个具有客观公正地位的第三方出具对财务报告真实性的审计报告，外部审计就产生了。审计是完善公司治理结构的重要架构，是制衡权力的治理力量。高校接受外部审计和内部审计，就是为了保证会计信息和预算信息的正确性，维护公众的权益。

四、高校预算管理的原则

高校预算管理总体上必须坚持"量入为出，收支平衡，效益优先，兼顾公平"的原则，收入预算上坚持"积极稳妥"的原则，支出预算上坚持"统筹兼顾，保证重点，勤俭节约"的原则。

（一）预算管理总体上贯彻"量入为出，收支平衡，效益优先，兼顾公平"原则

"量入为出，收支平衡"是预算管理中收支预算的基本要求，"效率优先，兼顾公平"是预算管理中合理分配预算资源的依据和标准。在效率优先原则的基础上，学校预算资源的安排还要兼顾公平，在预算分配过程中必须立足于全局考虑。

（二）收入预算坚持"积极稳妥"的原则

抓住当前教育发展的有利时机，挖掘潜力，积极拓展资金来源，增加收入。预算编制时，按照相关规定将学校所有收入全部列入预算，不遗漏，也不高估，并且充分考虑影响收入的各项因素，做到不漏算、不重复，贯彻"积极稳妥"的原则，做到收入预算项目明确，数字准确。

（三）支出预算坚持"统筹兼顾，保证重点，勤俭节约"的原则

高校支出预算以收入为基础，必须量力而行，不能超出学校的综合财力搞"赤字"预算。编制的每个预算项目数据要有客观依据，要充分体现学校的办学方向和各学科差异，适应学校未来发展的需要。在一切从实际出发，厉行节约、勤俭办事的前提下，分清主次、统筹兼顾、保证重点、合理地安排使用各项资金，发挥资金的最大使用效益。

第二节 高校预算管理存在的问题

目前，我国高校预算管理一般包括两级预算，即向上级财政部门或上级主管部门上报的省级部门预算和对内全面实施的校级综合财务预算。无论是省级部门预算还是校级综合财务预算，都存在编制方法欠科学，编制范围欠完整，管理手段不先进，预算执行不严格，执行结果无考评的状况。

一、高校预算缺乏全局性和前瞻性

学校财务收支计划不能与学校的事业发展计划相适应，高等院校预算是国家预算的组成部分，预算管理是高等院校财务管理的重要方面，是学校配置教学资源的手段，是学校

进行各项财务工作的前提和依据。高等院校应根据学校事业发展需求和综合财力可能，编制中长期财务收支计划，学校的事业发展规划必须与财务收支计划相适应。但据了解，目前大部分高校没能将预算管理与事业发展规划有机结合起来，没有用全局观和长期观结合各级政府制定的各时期对高等教育的目标和任务，做出相应的财务收支计划，仅是根据事业发展计划和任务编制当年的财务收支计划，随着高校办学规模的不断扩大，高校经费供求矛盾突出，高校年度预算与事业发展规划不相适应，不同期间的预算缺乏有效衔接。预算在公共资源配置中的功能发挥受到约束，对学校事业发展规划支持度不够，甚至与事业发展规划发生冲突。

预算编制程序和要求，就存在先天不足：

一是根据《预算法》《预算法实施条例》，只粗略地规定了高校编报预算的编制原则、目标、范围、方法和要求，而缺乏更为详细的规章制度、办法和措施予以保障，缺乏具有针对性的科学合理的编制方法和程序予以指导，预算编制体系不健全，法规不完善。

二是预算时单纯依学生人数或在职在编职工人数按定额"一刀切"，没有考虑各校的实情，无法做到区别对待，编制标准和编制方法不科学。

三是编报期限短，不管是省级部门预算还是校级综合财务预算都要求下级单位在1～2个月内完成，且不含附属独立核算单位的预算，从而无法做到周到、细致，因而导致编制内容不完整。

四是编制模式僵化，编制程序死板，没有根据高校未来的发展趋势和实情进行充分论证，简单列报，无法做到科学合理，预算编制不严谨，具有很大的盲目性和草率性。

五是预算一经确定，就不得调整，但学校发展日新月异，各种新情况新要求随时出现，按年初计划情况安排的预算进行，就难以面对发展面对挑战，难以适应现实，导致预算缺乏全局调控机制。

二、高校预算编制存在的问题直接影响了预算的执行

（一）预算编制与执行分离，预算无法控制财务工作的"指挥棒"失灵

部门预算是财务工作的指挥棒，高校各项事业经费收支应按部门预算来执行。但在实际工作中，由于管理体制不顺、编制方法不科学、现行制度脱离实际、财政投入不足和银行贷款的不确定性等因素造成了部门预算不准确，预算内容不全面，编制出来的部门预算没有客观地反映学校财务收支全貌，体现学校的工作重点和发展方向，特别是在执行过程中科目之间随意调剂的现象比较严重，违反了预算法"严格执行预算，严格控制不同科目之间的资金调剂"的规定。预算无法控制，部门预算也丧失了约束力，财务工作的"指挥棒"失灵。

（二）预算执行无法按照财政国库集中收付制度改革规定程序运行

根据预算外资金"收支两条线"管理以及国库集中支付改革、政府收支分类科目改革和财政综合部门预算改革的相关规定，国库集中支付要求单位预算具体、准确、完整，但在各高校目前两本预算以及多渠道筹资的情况下，只有预算内拨款部分通过国库支付程序运行，包括在编人员工资实行财政直接支付，其他商品和劳务支出均采用授权支付方式。其余预算执行根本无法按照财政国库集中收付制度改革规定程序运行。

（三）高校预算的虚假平衡，使预算执行结果无法评价，导致财务信息失实

实际上，自实行部门预算改革以来，高校部门预算只是依靠以部门编制为主的"被动"预算。由于高校资金来源及其运用的多元化，上级主管部门批复的预算与校内执行的预算实施方案，无论在可用财力上，还是在支出项目、标准、范围、额度上都存在很大的差异，许多因银行贷款的不确定性而未能进入高校预算盘子的支出，都会影响高校财会人员对预算执行结果的分析，加上高校学生多、教职工多，一些因国家政策或事业计划和任务发生重大变化的、不可预见的开支非常频繁，致使财务人员对预算执行结果进行评价缺乏参照物，导致财务信息失实。

三、预算考核不完善，缺乏评价奖惩机制

在当前高校预算管理体制和会计核算模式下，高校财务部门负责预算的编制、下达、核算和分析，其主要作用只是审核和监督预算经费支出票据的合法性、报销支付手续的完备性和预算经费的可用性，最后负责年终的决算，而根本没有也不可能对自己负责管理的预算编制是否科学合理、预算执行是否严格是否有效、预算分析是否到位、决算评价是否科学有效等进行严格的考评奖惩。

高校虽然内设了监察审计等部门，规定了其应当履行对学校综合财务预算编制、执行等的监督检查评价职能，但由于缺乏有效的预算监督管理和考评奖惩制度，其根本没有发挥应有的对预算编制、预算执行、预算结果等进行相应监督检查评价奖惩作用，即便发现有的部门预算编制或执行有问题，也是不管不问，要么就只是简单的询问了事，走走过场，预算绩效考评全是空白。有的高校为加强财务管理，提升管理水平，确实制定了相应的预算绩效考评办法，但其考核期限、时点、标准、程序、结论及奖惩等较为粗略和模糊，即便是进行考评也基本上是含混应对，难以落实到位。这样导致高校预算绩效考评制度只是制定、执行了，却不对每年的预算安排及执行在实际工作中，是否适合高校自身实际、是否真正有效、能不能达到预期目标进行监督评价，从而导致预算绩效考评制度成为一纸空文，起不到任何作用。可见高校预算绩效考评奖惩缺位、奖惩不严甚至无奖惩已到了非治不可的地步。

四、银行贷款的不确定性，导致预算收支虚假平衡

银行贷款的不确定性，使高校部门预算中没能体现债务预算、基本建设预算和其他资本性支出，导致预算收支虚假平衡。

目前，高校资金在保证日常运营需要的情况下，仍然不能满足高校基本建设、设备购置和滚动还本付息等需要，还要采取向银行贷款等方式筹集所需的资金，这是解决高校扩招以来，资金供求矛盾的一种特殊筹资方式。但由于银行贷款的不确定性，部门预算没能将债务收支、基本建设和其他资本性支出纳入综合预算，这必然会导致预算收支的虚假平衡。随着金融政策的不断调整，国家对高校贷款的调控力度逐步加强，银行对高校贷款管理也越来越严格，高校一旦不能从商业银行获得新增贷款，将会造成严重资金短缺，预算无法实现。

第三节 高水平预算管理机制的路径

一、高校预算绩效管理体系构建的基本思路

高校预算绩效管理体系应当考虑高校战略规划及年度工作的要点、内部各单位的年度工作目标，同时还要依照财政部、教育部颁布的《高等学校财务制度》中对高校预算管理的要求进行构建。

基于绩效预算对高校预算管理体系进行优化，即在预算各环节中引入绩效理念，从编制预算开始就合理地根据绩效目标来进行，保证资金配置的合理性；预算执行过程中，进行事中监督并通过信息反馈系统及时对预算绩效评价，保证预算支出的效率；最后对预算执行结果进行预算绩效评价，并将评价结果运用起来，对以后年度的预算编制起指导作用。

高校预算绩效管理体系的构建，需要秉持目标管理原则、部门预算原则及绩效控制原则，在预算编制方面做到事权与财权相统一，分别编制校级预算、院级预算和专项经费预算。优化现有的高校预算管理模式，建立健全预算管理组织结构、预算信息系统、科学的定额标准和滚动项目库，以满足预算绩效管理的需要。最后将绩效融入预算流程中，以结果为导向，对预算编制、预算执行、预算评价和反馈各环节进行优化设计，构建高校预算绩效管理体系。

二、构建高校绩效预算管理的原则

（一）目标管理原则

目标管理具有先进性，因此在高校战略管理中已经被广泛地运用。目标管理是高校预

算管理的核心，建立科学系统的目标体系，是绩效预算管理能有效运行的必要条件。目标可以进行分解和综合，目标体系可分为高校总体的战略目标和分解后的各部门目标。要想实施目标管理，首要的任务就是要根据高校的战略规划来确定高校的战略目标，然后围绕着高校总的战略目标来确定教学、科研、后勤等部门目标，最后再确定各部门每个人的具体目标，形成一个高校总体目标、部门目标、个人目标的多层次多维度的目标体系。

（二）部门预算原则

部门预算具有较强的控制力，是高校绩效预算管理的基础工作和一个重要的环节。目标管理的实现、项目管理的落实和绩效评估都离不开部门预算。传统的预算体制下执行的是"一年一预算，预算就一年"，如果因为年初预算的编制不合理，预算管理人员就需要做大量后续的调整工作，不能保证预算的严肃性。而采用部门预算，就一定程度上解决了此问题的出现。部门预算规定，预算一经上级部门批复，学校应该按照预算执行，不能随意调整，使预算的约束性和严肃性有了保证。同时，预算的透明度也有了增强，能有效防止预算执行和分配过程中不规范的行为。

部门预算的实施既是预算管理体制的一次变革，也为财务管理带来了新的思路。传统的财务管理是"重决算、轻预算"，"重编制、轻执行和控制监督"。部门预算的实行改变了传统预算的编制不细致，且预算不能具体的落实到项目上的弊端。部门预算要求预算的编制应该细化到具体项目，以能够保证资金落实到位，但同时也要对预算项目的可行性、时效性和具体意义进行考察分析。

（三）预算监控原则

在高校绩效预算管理的过程中，做到全程监控预算的执行是发挥绩效预算作用的保证，对预算的监控是为了保证执行预算的正确性和高效性。通过预算执行和预算监控的分离，建立起更加完善的预算管理体系，能够更有效地监控预算的执行过程。

预算过程监控是根据对比各部门制定的目标和指标体系，全过程监控预算执行的效果和执行情况，以便及时准确地掌握预算执行是否偏离了最初制定的目标，同时利用绩效评价指标对预算的合理性做出判断，通过透明且畅通的反馈体系反馈给管理层，作为下一年度预算资金分配的依据，逐步优化预算管理体系，提高预算效率。

三、高校预算绩效管理体系的运行

预算绩效管理的基本流程包括事前的绩效目标管理、事中的预算控制管理、事后对预算结果的绩效评价考核，以及对预算评价结果的运用。以绩效为核心使预算管理形成一个闭环，每一个环节是下一个环节的续接，实现全过程管理。

高校预算绩效管理体系的核心在于绩效与预算的融合，所以对其构建时，要以绩效为指向，首先设置预算绩效目标，然后进行各学院部门的绩效预算，最后对各部门的预算执行结果进行绩效评价，并参考评价结果合理编制下一年度的预算。

高校预算绩效管理的流程可以简述为：

1. 编制预算前要进行决策，制定绩效目标，即确定好目标及目标实现的方式和需要配置的资源。所以，高校预算的编制应当基于一个中长期的发展框架下，合理地将长期目标与短期任务结合起来，充分预测本年度应当完成的目标，以及实现这些目标的方式及对支出总量的控制和安排等，形成对总资源的预期。

2. 通过对各项目计划可行性和紧迫性进行优先排序，对既定的总资源进行合理的配置，编制高校预算。可以通过对高校需要完成的任务进行评估，测算其需要投入的成本及预期的产出效果，并结合总体战略优先权来进行排序，为高校资源配置的合理性提供依据。

3. 高校预算编制之后，要确保在投入的预算执行过程中按照既定的目标顺利开展高校各项活动。这需要在预算控制环节建立阶段性成果与预期标准相比较机制，正确衡量投入与产出之间的关系，形成对预算执行的控制。

4. 预算期末，要对产出效果进行评价，即进行预算绩效评价，并将评价结果运用起来，作为下一年度预算编制和进行决策的依据。高校应当建立预算绩效评价程序、方法和标准体系，并将结果运用于接下来的决策和执行中。

四、预算绩效目标的制定

设置合理科学的绩效目标，不仅是实施预算绩效评价的基本前提，同时也是高校预算绩效管理顺利运行的关键。高校各部门在编制预算之前，应当设定好各部门的预算绩效目标，所以预算绩效目标的设定就是高校预算绩效管理工作的源头。

（一）制定预算绩效目标

预算管理是高校财务管理的重心，财务管理的作用之一就是提高高校的资金使用效益。高校的资金使用效益通过高校的功能来体现，具体包括科研水平、人才培养和社会效益等。绩效目标的设置应从以上几个方面进行考虑，在预算编制环节就设置绩效目标，重视绩效目标管理，将绩效目标与预算编制相融合，重视预算编制前的绩效考评，发挥绩效目标的导向作用。同时，高校的绩效总目标应该通过分解，具体化为部门目标，并使各部门目标之间相互协调，有利于实现高校的发展目标。

每个高校都有自己的战略发展目标，而绩效目标就是根据战略发展目标制定的，是指高校在预算期内短期的结果期望。绩效目标的设定都以高校战略目标作为导向，改变以前忽视长远发展目标的现象，促进高校的可持续发展。

高校预算绩效目标的制定步骤包括：

1. 每个高校都有自身的特点，高校应当对自身优势专业或重点发展领域进行定位，并在考虑经济效益和社会效益的基础上，确定长期目标。

2. 对高校综合目标进行分解，与各学院及二级单位协调沟通，保证目标合理科学，协助各部门制定本部门的具体目标。

3. 针对各部门的具体目标，确定实现目标的途径和具体方案，并通过方案库的建立选择最优方案来编制预算。

（二）建立方案库

高校制定完绩效目标之后，实现目标的方案是多样的，如何找到最优的方案，就要求对每个方案的投入和产出进行预测，以找到最优方案。

1. 建立备选方案库，收集多种实现目标的方案。

2. 测定每种方案的成本和绩效。通过对每个方案所需投入资源进行测算来预测成本；通过衡量每个方案的关键绩效指标的实现程度来预测绩效。

3. 确定最优方案。对方案库中各项方案的成本和绩效按照优先顺序进行排序，并综合考虑外部因素，如风险、不确定性、时间因素等，选择出最具竞争力的方案。

4. 确定具体的项目计划。根据选出的最优方案制订出详细的计划为预算编制提供合理的基础。

（三）测定绩效成本

高校预算绩效管理的实施，需要科学的绩效成本，即高校根据绩效目标来开展的相应业务活动的资源耗费的量化。为了合理测定绩效成本，要以活动为对象，将相关的所有的资源耗费进行归集，并按照权责发生制来确认和核算。高校开展如人才培养、科研等活动而发生的实际成本费用，应当采用权责发生制来进行核算，剔除当期开支与相关活动无关的费用，并将以前支出但在本期耗费的部分以及本期实际耗费的部分纳入核算范围。只有衡量出真实的成本费用，才能为高校实际的预算绩效评价打好基础。可以按照直接费用和间接费用的分类绩效成本进行归集，根据绩效目标的分类，分别对应教学绩效成本、科研绩效成本和社会服务绩效成本3个类别归集直接费用。对于水电费、行政管理费等费用通过间接费用账户来归集。

对绩效成本测定之后，可以编制绩效成本表，采用细化的表格进行归集，清晰地展示每个活动各个过程发生的各项费用，便于在后期预算执行过程中加以控制。

五、高校综合预算的编制

高校综合预算的编制，应当合理满足各个部门和学院的需求，使高校教学活动有序开展。例如，行政部门提供管理职能，各级学院则提供各种教学活动和科研活动，后勤部门提供必要的日常保障类活动等。这些活动的提供有层次性，而层级的划分标准就是受益的范围。学校一级提供的活动，受益范围为全校的需求，属于学校层级的事权；某一学院提供的活动，受益范围为其学院内部，则属于这个学院的事权。

事权与财权的统一，是高校及其内部各二级部门完成职责的必要条件，高校应当赋予不同层级单位相对应的财权，从而形成由校级经常性收支预算、院级经常性收支预算和专项经费预算组成的分层级的高校综合预算编制模式。

（一）校级经常性收支预算的编制

校级预算的编制，应当反映学校一级的财务收支计划及相应的资源调配活动。校级预算包括编制校级可控收入预算和校级支出预算。校级支出预算的编制是按照全校的资源需求和跨院系需求的事权安排进行的，还承担了对二级单位的事权补助。

校级支出预算的编制范围是学校一级可控的资金安排，即针对学校可调控的财力进行配置。按照支出对象的不同，可以将支出预算分为人员经费支出、对个人和家庭补助支出和公用经费支出。

人员经费包括基本工资、津贴和补贴、绩效工资、其他工资、离退休人员工资、社会保障费、助学金及公积金等支出。人员经费支出的编制，应从基本信息系统中取得本年度学校教职工基本情况，并科学预计下一年度人事及工资的变化，测算人员经费的支出金额。对个人和家庭补助支出的预算编制与人员经费支出的预算编制的准确性要求都很高，采用定额法进行预算编制，就可以通过建立的高校基本信息来进行测算。各预算执行单位应同时分析本部门过去的预算执行数据和当年基本资料，确定编制本年度预算。

对于人员经费预算的编制，应当收集基本人员信息，包括不同类别的教职工人数及职称，如对在职和离退休人员的划分，同时结合基本资料库中的支出定额标准、补贴标准和补助比例进行测定。

公用经费主要包括日常办公费、邮电费、交通费、业务费、设备购置费、维护费、招待费等。校级可控公用支出的预算编制十分重要，公用支出经费的使用影响着高校发展目标的实现。合理分配预算资源，需要采用绩效预算的编制模式，以"效率优先、兼顾公平"作为分配资金的依据。

各二级预算单位向校级预算上报经费申请，汇总后的经费需求可能会超出校级可控经费，这就要求预算管理委员会对各学院上报的经费申请进行调整，通过项目库来进行优选，按照项目的轻重缓急及绩效进行排序，并测算出每个项目支出的具体金额，合理进行安排。

（二）院级经常性收支预算的编制

院级预算的编制应由各二级单位的专门人员进行负责，以保证预算编制的专业性。按照事权与财权相统一的原则，院级预算收入为本层级可控的收入，院级预算包括二级单位范围内的教学、科研和对外服务经费，以及后勤经费安排等。各学院的科研经费等专项资金的收支，不纳入院级预算。

对于院级公用经费的预算编制，各预算执行单位应当采用符合自身性质的管理方式，按不同的类别编制预算。教学类院系应按照学生人数和专业类别制定生均综合定额，确定院系的正常教学业务费；行政职能部门根据单位职能，按照人均定额标准和基于业务的专项定额标准，确定政策办公经费；后勤经费应按照学生人数、房舍面积、保洁面积，结合历史成本数据，采取不同的计量标准进行确定。实行院级预算的编制，能够积极调动各部门的参与度，提高资源配置效率，科学使用教育资源。

（三）专项经费预算的编制

专项经费是指学校用于教育事业发展和建设的附有限定性的资金，按照来源的不同可以分为校内专项经费和财政专项经费。专项经费不能纳入校级和院级经常性收支预算统筹编制，应当采用成本效益分析法进行专项经费项目预算的编制。各部门向学校申请专项经费，应当提供计划说明书、项目实施的必要性及可行性分析报告，并列明具体支出明细和测算依据。预算管理办公室负责对提交的项目进行审核，通过的项目应纳入项目库，以备后期按照轻重缓急排序，合理安排高校资源。

综上，学校在总体安排高校综合预算的编制时，应当首先确保人员经费和日常公用经费的使用，之后按照预算管理委员会审议通过的项目排序，安排专项经费的预算编制。

六、预算执行和绩效控制

新预算法首次提出对财政预算支出情况开展绩效评价，从法律层面改变了过去"重收入、轻支出"的做法，开始注重财政资金的效果，在预算中强调"绩效"。在预算执行过程中融入绩效的理念，目的是为了监督和控制资金的使用过程，并对资金的使用效率进行考核。

在高校预算绩效管理中，过程评价对预算执行的管理起着重要的作用，其实质是在预算执行过程中，通过业绩表现衡量指标作为桥梁，跟踪控制预算支出过程中的项目计划实施进程及资源匹配情况。通过绩效信息，可以对预算执行的质量和效率做出合理判断，保证预算严格按照既定的目标运行，及时发现问题改正问题。

（一）建立事中绩效监督和跟踪监督机制

为了强化高校预算执行效果，开展事中绩效监督是必不可少的环节。针对金额较大的项目及重要的部门经费，应当重点监控，将其列为绩效监督关键点。预算绩效管理办公室起到十分重要的作用，预算管理办公室、审计委员会及绩效评价委员会承担起不同的任务。预算管理办公室监督预算执行进度，控制各预算责任单位项目的执行情况，确保支出按照绩效目标进行；审计委员会检查实际支出是否符合预算，进行监督；绩效评价委员会负责监督项目阶段性绩效目标的完成情况。对重点项目，要逐项分析项目的绩效目标完成情况和工作推进情况，撰写绩效跟踪报告，及时发现预算执行中出现的偏差，保证项目按照计划实施。

（二）赋予管理者相应的自主权

将绩效理念引入预算执行和控制环节，是为了监督和控制资金的使用过程，提高资金的使用效率。通过赋予管理者一定的自主权，加强对产出和结果的控制，便于管理者根据实际情况的变化对预算进行调整，并对此承担相应的责任。这依赖于在预算执行过程中对绩效信息的及时收集和使用。应当建立相应的约束机制，如通过对执行项目的签字确认来约束预算执行主体的责任，督促其承担相应的预算项目执行情况的责任。在预算执行过程中，学校有权对各预算执行负责人进行监督检查，发现偏差应当及时纠正。

就专项经费来说，其支出范围、预算调整、结余资金管理的方面都有十分详细的规定，管理十分严格，学校没有统筹使用的权利，项目负责人对下达的经费完全掌握使用权，学校没有自主权，这给专项资金的管理带来一定难度。为了提高专项资金的使用效率，应当赋予高校一定的自主权，上级主管部门可以给高校增加对于专项经费的预算调控权，如下达的项目经费中，30%左右的经费预留给学校统筹进行安排，使学校更为灵活地根据高校实际情况继续专项经费的使用。当项目结束，验收合格，预算绩效良好的，在合理范围内，可以将专项经费的结余资金用来弥补高校经费的不足，带动高校主动参与管理，实现高校经费使用效率的提高。

七、预算绩效评价

预算绩效评价体系是预算绩效管理体系的核心，是区别于传统预算管理模式的重点，构建合理的预算绩效评价体系有重要的意义。

高校预算支出的产出效果就是预算绩效，预期效果与实际结果之间的对比需要通过预算绩效评价来揭示。高校预算绩效评价是为了科学、准确地对预算执行情况进行反映，并且对比预算绩效目标，合理的评价各部门预算执行情况及高校资源使用的有效性。一方面，考察高校资源配置的总量是否符合高校实际资源需求；另一方面，看资源的使用效率是否达到效用最大化的目标。要实现上述目标，仅评价预算结果不够全面，还应当构建预算绩效评价指标体系，综合评价高校预算执行过程中的具体情况、资源配置效率、高校预算支出所带来的经济效益、社会效益以及对高校长远发展的影响。预算绩效评价不仅可以作为执行情况的考核依据，还能为下一年度的预算编制提出建议，从而完善高校的预算管理体系。

（一）评价内容

高校预算评价应当更多地关注预算管理流程中绩效信息的反馈，将绩效与预算编制、预算执行、预算绩效评价3个预算管理环节有机地结合起来，有效提高高校预算资金的运行质量。

预算绩效评价指标不仅包括对预算管理结果的评价，还应当针对不同的预算活动设计更为贴切、合理的指标。具体包括：关键绩效指标、业绩表现衡量指标和综合绩效指标。

1. 关键绩效指标，通过核心指标来对项目投入成本和预期效果进行评价，在预算编制前，合理确定资源配置的优先顺序。

2. 业绩表现衡量指标，通过对预算执行过程中阶段性的完成情况进行评价来起到预算控制点作用，保证预算执行不偏离绩效目标。

3. 综合绩效指标，通过设计综合指标对产出效果进行评价，有利于后期的奖惩激励措施的落实。

预算绩效评级指标，在不同的层次进行选择各有侧重，但是都可以通过在规范统一的框架体系内找到合适的指标。通过设立这3个层次的指标，可以使高校预算绩效评价更具可操作性，并结合具体情况使评价更贴合实际。

根据高校预算编制内容的分类，可以将预算绩效评价的内容分为部门预算绩效评价和专项经费预算评价。部门预算绩效评价指标应当针对教学单位、后勤单位、行政管理单位等分别进行设计；专项经费预算评价指标的设计应当以"成本效益原则"为主。

（二）部门预算绩效评价指标的设计

针对部门预算评价指标的设计，应当考虑在不同院系及单位进行选择并各有侧重，但是都可以通过在规范统一的框架体系内找到合适的指标。各学院应该根据自身的定位选取每个层级指标中的关键指标。

在选择指标时，既要学习国外高等教育的先进经验，也要考虑国内高等教育的实际情况。公办高校是非营利性的事业单位，高校的产出是培养本专科生和研究生等，以及进行相关的科学研究，不能简单地用货币和经济指标进行衡量。同时，预算绩效评价指标体系的建立应与学校的发展战略目标相联系。

在借鉴《英国高校管理统计和绩效指标体系》的基础上，结合我国高校的实际情况，下面将预算绩效评价指标体系分为以下3个方面：教学绩效指标、科研绩效指标、财务绩效指标。

在此构建的高校预算绩效评价指标的计量单位是不同的，无法直接进行运算，为了消除量纲和量纲单位的一些影响，需要对其进行无量纲化处理。多种方法可供选择，本著作采用功效系数法，这种方法适用于定量指标，计算公式为：

$$x_j = \frac{40(x_i - x_j)}{x_u - x_l} + 60 \qquad (6-1)$$

式中：X_i 为指标转换前的评价值；

X_j 为指标转换后的评价值；

X_u 标为指标的最高值；

X_l 互为指标的最低值。

通过计算,可以将量纲不同的指标转化为 0～1 间的数值,本节采用以 60 分为初始值,所以调整系数为 60。

在指标选取之后,需要对指标的权重进行设置。权重是根据在高校预算绩效评价过程中的 21 个绩效指标,在总体评价中的重要程度的不同来进行定量分配。学校每个学院所处的环境不同、工作重点也各有侧重,所以应根据这 21 个指标做出的贡献程度进行估计,来确定指标权重。

指标经过无量纲化处理之后,根据变异系数法的理念,进行计算。

均值为:

$$\overline{x} = \frac{1}{n}\sum_{i=1}^{n} x_i \qquad (6\text{-}2)$$

标准差为:

$$s = \sqrt{\frac{1}{n-1}\sum_{i=1}^{n}\left(x_i - \overline{x_j}\right)^2} \qquad (6\text{-}3)$$

然后依据均值与标准差解出 21 个指标的变异系数:

$$v_i = \frac{S_i}{|\overline{x_i}|} \qquad (6\text{-}4)$$

最后可计算各指标的权数:

$$W_i = \frac{v_i}{\sum_{i=1}^{n} v_i} \qquad (6\text{-}5)$$

(三)专项经费预算绩效评价指标的设计

专项经费预算绩效评价指标体系应包括共性指标和个性指标,但由于高校专项经费项目类型多样,其指标的设计应根据具体项目特征进行相应的调节。应当同时兼顾定性指标和定量指标,具体指标设计包括:财务类指标、教学和科研指标、师资队伍建设与人才培养指标、效益指标和合理合规性指标。

在高校预算绩效评价的具体指标选择好之后,需要对各指标的权重进行确定。指标权重的确定可以采用问卷调查或者咨询专家意见的方法,也可运用层次分析法进行确定。由各指标分值和权重即可计算得出综合评分。

（四）评价标准的选择

高校综合预算绩效计算出来之后，需要与评价标准进行对比，找出问题所在。预算绩效评价标准应当具备可比性、科学性、适用性的特点。一般有社会标准和历史标准两种选择。

社会标准是一种横向比较，通常采用全国平均水平作为评价标准。对高校来说，社会标准可以通过教育部官网公布的统计数据进行分析获取，综合计算出各项指标的全国平均水平。但是高校在硬件配置、师资队伍、学科设置、生源质量等方面都或多或少存在差异，导致社会标准不具可比性。所以，社会标准的使用基于高校分类评价体系的建立，使相同类别的高校使用具有可比性的评价标准，才能准确地对高校预算绩效做出评价。

历史标准指对过去数据的利用，是一种纵向比较方法，标准一般为本校历史最好水平。历史标准的优势在于可比性比较强，还能利用连续几年数据进行趋势分析，对高校近几年预算管理的水平变化综合分析。

第七章 内部控制的要素

内部控制可以分为五个部分：企业治理控制、企业管理控制、企业作业控制、信息系统和企业文化。每一部分都是内部控制系统的一个子系统，都是内部控制系统的一个有机组成要素。

第一节 企业治理控制

一、企业治理控制的内涵

按照经济学的解释，公司治理（Corporate Governance）本质上是一个企业所有权安排的契约。其核心命题是如何通过一个财产（人力资本和非人力资本）权利的契约安排实现剩余索取权和控制权的对应分配，提高企业组织的决策效率。所以，在现代企业理论中，企业所有权安排无非是企业剩余索取权和剩余控制权安排的一个简化说法，而企业公司治理即是其具体化，即"一种法律、文化和制度性安排的有机整合"，这一整合决定企业"可以做什么，谁来控制他们，这种控制是如何进行的，他们从事的活动所产生的风险和回报是如何分配的"。

二、治理控制模式的比较研究

从世界上不同时期和不同国家的具体情况来看，治理控制可以分为六种模式：

（一）传统的"股权至上"模式

这种模式的特点在于公司的利益就是股东的利益。尽管存在经理人员实际掌握经营管理权的现象，由于股东拥有经理人员的选聘权力，因此，可以认为两者的决策取向是内在一致的，即企业追求利润最大化也就等于追求股东的财产价值最大化。

（二）传统的"劳动控制型"模式

许多社会主义者和工联主义者一直认为，只有让劳动者自己控制企业，才会获得企业的最大效率。其中最有代表性的就是南斯拉夫的工人自治企业制度，其特点是通过各种方式使企业的所有成员都成为企业的法定财产所有者，但这种所有权是一种集体所有权，如果某个工人要退出企业，就必须交出这部分权益。所有关于企业重大问题的决策都由工人自己掌握，工人可以组成一种类似董事会的管理委员会或自治委员会等组织，负责企业的决策工作，同时委员会聘任经理人员负责日常的经营管理工作。

（三）欧洲的"共同决定"模式

共同决定模式的核心就是工人参与决策。全体工人选出若干代表依法进入公司的决策机构（即董事会和监事会），与所有者代表一起决定公司发展的重大事项。工人无须拥有实物资产，就可以在企业决策中表达自己的声音。

（四）"社会责任"模式

社会责任模式是通过立法及其他规制措施迫使企业承担必要的社会责任。要求企业承担更多的社会责任，就是要改变公司的治理控制，最初这一举措是通过政府的规制来完成的。一方面，受到影响的利益主体可以通过法律及结成社团组织对公司施加直接的压力，另一方面，这些利益主体也对政府施加压力，要求政府直接管制公司的行为。

（五）"利益相关者"模式

公司的发展离不开各种利益相关者，比如股东、债权人、雇员、消费者、供应商等。由于这些利益相关者对公司的绩效都做出了贡献，那么公司理所当然要为利益相关者服务，股东仅仅是其中之一。利益相关者对公司治理的影响一方面是通过政府立法间接规范竞争秩序，为公司的良好运转创造一个良好的条件；另一方面，一部分利益相关者通过直接介入公司的决策机构，参与公司的战略制定，以此来保障自身的利益。进入知识经济时代以后，人力资本地位的上升，企业治理的外部性等问题的解决，都需要更多的利益相关者加入到企业治理的行列来，相关利益者治理模式越来越引起人们的关注。

（六）"利益无关者"模式

一个公司的治理控制通常根植于所在国家与地区的文化传统、社会价值观、政治与经济制度、法律体系之中，脱离这些，试图抽象地设计出一套有效的治理控制体系是不切实际的，也不存在唯一和绝对有效的治理控制模式。治理控制是在长期实践中不断调整、演进和完善的，这种调整、演进和完善的过程目前仍在进行中，而且，势必将继续进行下去，不存在静态的、一成不变的有效的治理控制。传统的模式只是把企业的所有权赋予某一要素所有者（即股东或雇员），而后来的改进模式的差别就在于逐步引入其他的利益主体，一种模式和另一种模式的差别就在于企业所有权的配置结构上。

总之，任何组织或制度的出现和存在都必然有特定的条件，反之，环境条件的变化也必然导致组织形态的变迁。资本家独占企业所有权和组织租金的古典资本主义企业不会在任何环境和时代都是最具有活力的企业组织形式。企业组织形态和治理控制在不断演化，从资方占主导地位的资本管理型企业发展到共享式公司制企业。

三、治理控制的构成要素

（一）股东大会

股东大会从法律角度来说是公司的最高权力机构，是股东们据以对公司实现终极控制的具体表现形式。但是由于成本费用或者投资目的、经营专业化和复杂化等原因，股东往往难以有效地行使控制，所以，仍然不能说它是股东们行使基本投资权利的有效形式。但是，股东大会应当积极参与公司的治理，并通过种种适当的方式发挥主导作用。

（二）董事会

股权的高度分散，股东大范围参与企业管理的不经济，以及信息不对称的实际困难，导致股东对企业的控制和影响日益缩小，仅仅成为企业的出资人。它们的权益和要求只有通过董事会来实现，从而董事会成为企业治理控制的控制中心。董事会的具体职责可以概括为以下几个方面：一是聘任总经理以及以总经理为核心组成的经营者阶层。二是董事会应当对企业的综合财务绩效负责，董事会对企业财务执行状况和前景负有连续监督的责任；对企业资源有举足轻重影响的重大生产经营业务，董事会应当充分发挥监控作用；董事会应当研究企业的重大发展战略和战略发展计划。三是董事会应当时刻考虑企业的生产经营活动对社会有什么影响，对与企业发生各种形式社会经济联系的利益主体有什么影响。四是董事会应当确保企业内各个管理层所制定的生产经营决策和管理过程，都能够连贯一致地符合国家法律。

（三）监事会

监事会在不同的国家所起的作用不同，监事会的职责大致有：保证对外公布财务资料的真实、可靠性，避免对公众产生误导作用；保证企业内部监控的充分与完整；监督企业文件、财务、道义及法律等方面有无违背常理之举；选择并审批企业的外部审计员。监事会主要负责企业内部的监督审查工作，并不直接涉及企业财务的审计工作。

（四）高级管理层

高级管理层是内部控制系统的枢纽环节，它向上连接董事会，向下管理企业的生产和人员，起着非常重要的承上启下作用，是企业内部控制建设中非常重要的一环。一般认为CEO应当承担以下职责：营造一种促进道德行为、鼓励个人正直和承担社会责任的企业文化；维持一种有助于吸引、保持和激励在各个层次上由最高素质员工组成的多样性群体的积极、道德的工作氛围；为公司制定能创造股东价值的长期战略与远景，并推荐给董事长；制定能支持公司长期战略的年度业务计划和预算，并推荐给董事会；确保公司日常事务得到恰当管理；持续努力实现公司的财务和运营目标；确保公司提供的产品或服务的质量和价值不断提高；确保公司在行业内占有并保持令人满意的竞争地位；确定公司有一个在 CEO 领导下的有效的管理队伍，并有一个积极的管理队伍发展、换届计划；与董事合作，确保有一个有效的 CEO 职位的继任计划；制定并监督重大公司政策的实施；担任公司的主要代言人。

四、企业治理控制的体系

股东会、董事会、高级管理层、监事会构成了以董事会为核心的企业治理控制体系。董事会最重要的责任是促使公司的长期发展，这是与其对股东所负担的信托责任一致的。为了加强董事对股东的责任感，应当贯彻以下几个原则：董事会应当包括大量的独立董事；董事会为董事建立一套固定的退休政策，并规定所有董事必须拥有该公司的普通股；董事会必须由合格的人员组成，他们必须代表不同的经验、性别、种族及年龄；必须让董事会以其认为最有效的方式，采用与这种方式相一致的方法、原则来组织实行董事会的职责及处理问题；董事会应对其自身及单个董事的表现有一个评估机制，至少应有一个由董事会做的年度表现审核；董事会还应定期召开执行会议。

（一）人员选择及规模

一个公司应根据个人的才智、专长和成就等因素招募和选拔董事，理想的董事会应具备职业背景和个人背景的多样性，通常要涉及管理、制造、工程、营销、会计、法律、研究开发、人力资源、财务和公共部门等专业背景。选拔董事去代表利益相关人而不是全体股东的利益是非常危险的，所有的董事对公司负有受托人的职责，而且选择被期望或希望代表特别利益的董事是不合适的，也是不明智的。在一个高效的董事会中，每一个成员都举足轻重，因此，每一个董事会都应发现、选拔和保留那些最能使董事会担当其角色并履行其职责的董事。

（二）权责分配

通过在董事会中设置各种类型的委员会，充分行使董事会的职责，是企业治理控制的关键。进行有效治理控制通常要设置三个委员会：提名委员会、报酬委员会和审计委员会。报酬委员会是企业治理控制中一个重要的且具有相对独立性的分支机构。其主要职责是：制定经营者阶层的酬金政策；提出经营者阶层每年度的酬金标准并报请董事会批准；负责经营者阶层享有的股票期权、股票增值权、绩效股及退休金等除基薪和红利以外薪金的管理工作。提名委员会的职责主要是：提出具备董事资格的人选；提出各委员会成员的候选人；指定内部及外部董事人选；提出企业高层管理者、董事长及总经理候选人；提出候补董事的候选人；确定分公司董事会的候选董事；在现任董事中指定留任者的人选。审计委员会是公司董事会中的专门委员会。主要负责公司有关财务报表披露和内部控制过程的监督。在公司董事会内部对公司的信息披露、会计信息质量、内部审计及外部独立审计等方面，执行控制和监督的职能。

（三）薪酬设计

合理确定董事的报酬是企业治理控制中一个很重要的方面。近年来董事报酬的发展主要有三种趋势：现金报酬已从固定的年度聘用费转变为出席费；给董事的非现金报酬增长快于现金报酬，董事的综合报酬采取执行官的报酬形式并增加了复杂程度；董事非现金报酬中增长最快的部分是股票，包括股票期权和限制性股票。

（四）保持独立性

有效公司治理的核心思想是董事会的独立性，董事会应当独立于管理层。这种独立使得当错误发生时，管理层必须承担责任，董事会能够及早采取行动，即便它损害了目前总裁和其他管理人员的利益。委员会的存在和构成也是董事会独立性的重要指标。

（五）业绩评价

业绩评价是一个最普通也最有效的控制手段，一般包括三个方面：CEO 的业绩、公司业绩和董事会业绩，对前两者的评估反过来可以提出关于董事会业绩的根本问题。对 CEO 进行业绩评估可以方便董事会与 CEO 之间就公司和 CEO 长期和短期的业绩期望进行交流；可以方便董事会与 CEO 之间就实际业绩评估进行交流；可以帮助 CEO 认识到自身的长处和缺点以及发扬长处改掉缺点的方法；可以及时为 CEO 和董事会提供潜在问题的报警信号；可以提供清晰的 CEO 薪酬决策准则，包括激励性报酬的方案和何时取消这些方案；可以协助培养 CEO 与董事会之间的团队合作观念；可以增加在危急关头董事会支持 CEO 的可能性；可以提供一个明确的信号给股东和行政管理者——董事会一直在监督和评估 CEO 与高层管理人员的行动。

合理确定董事会的职权范围，是评估董事会有效性的出发点。为了实现有效的监督和避免涉入管理层的领域，要区分董事会和管理层权力，定期审议在组建公司的文件和公司细则中规定的董事会与管理层之间权力的分配，并判断这些权力的授予是否符合企业不断变化的要求；董事会应授予专门的委员会和董事职责，并将决策权的分配情况传达给相关的经理和股东。董事的各种能力与性格之间创造性的互动作用，构成一个比这些部分简单相加功效更强的董事会。董事会业绩评估通常可以从三个方面进行：董事会整体业绩、董事会领袖（董事长和委员会主席）的业绩以及董事个人的业绩。

公司业绩评价是 CEO 业绩评价和董事会业绩评价的基础，是对董事会和高级管理层整体工作状况的初步评价，可以从利润目标的实现程度、成长性等方面进行评价。

五、企业治理控制的一般逻辑

治理控制的有效运作需要一整套具体可操作的有关组织结构、运作方式、管理机制等方面的制度和规则作支撑。而一套有效的治理控制制度和规则应当具有缜密性而不失弹性，应当力求权力和责任的合理配置，实现相互制衡而不影响协调运转。离开这些制度和规则的支撑，各机构的职责法律上规定得再明确也难以充分履行和落实到位，甚至走向空洞化和虚位化。公司内部规范应成为保证治理控制有效运作的具体制度和规则的重要体现形式，它在确定控制体系的职责定位、组织机构、运作方式、管理机制等方面都起着具体的、直接的和举足轻重的作用。

治理控制的基本逻辑是：审计委员会参考来自内部审计部门的审计报告，实施对高级管理层的审计和评价，并把评价结果转向报酬委员会和提名委员会；报酬委员会和提名委员会根据评价结果，确定高级管理层的报酬和提名，实现对高层管理的控制。更为重要的是，在董事会成员的选拔，董事会内部的权责分配以及董事会业绩的评价过程中，股东大会必须通过种种方式发挥主导作用，比如，与高级管理层沟通、评价企业绩效等。

第二节 企业管理控制

一、管理控制的内涵

管理控制是指企业为了帮助经理人员协调企业内部各部门，并促进这些相关的部门互相更好地沟通和合作，在持续经营的基础上达到预期目标而运用控制论中的平衡偏差原理对企业经营管理及其活动过程进行的调节和控制。为了实施管理控制而设计的互相相关的和互相沟通的组织和机制就构成了管理控制系统。管理控制主要是帮助管理者协调企业内各部门并指导这些部门去实现企业的总体目标，调节、沟通和协作使单个的、分散的行动整合统一起来。控制过程大致可以分为三个步骤：一是衡量实际绩效；二是将实际绩效与标准进行比较；三是采取管理行动来纠正偏差或不适当的标准。

二、企业管理控制体系的改进

现代企业管理的核心是动态地对企业进行控制，具体表现为企业的动态利润分析，在表面上追求利润，而其内涵则是追求企业资源的合理高效利用。在知识经济时代，企业构建有效的管理控制，首先要进行业务流程重组，使企业的业务流程适合新的经济环境的需要；其次，建立有效的ERP，进行资源的高效使用和控制；再次，充分发挥内部审计的作用。

（一）业务流程重组

企业可以在三个层面对业务流程进行再造。第一个是职能内部的流程重组。在旧体制下，各职能管理机构重叠、中间层次多，而这些中间管理层一般只执行一些非创造性的统计、汇总、填表等工作，计算机完全可以取代这些业务而将中间层取消，使每项职能从头至尾只有一个职能机构管理，做到机构不重叠、业务不重复。第二个是职能间的重组，在企业范围内，将跨越多个职能部门的业务流程整合为一个整体，充分发挥集体合作的优势，提高生产效率。第三个是企业间的业务流程重组，企业为了发展的需要兼并相关企业时，就需要把两个企业之间的业务进行重组，以实现一体化的趋势。

（二）建立 ERP 系统，全面管理和控制各种资源

资源管理系统的发展经历了以下几个阶段：MRP（Materials Requirements Planning），它主要用于订货管理和库存控制；闭环 MRP（Close MRP），把财务子系统和生产子系统结合为一体，采用计划—执行—反馈的管理逻辑，有效地对生产各项资源进行规划和控制；MRP（Manufacturing Resources Planning），将生产活动中的销售、财务、成本、工程技术等主要环节与闭环 MRP 集成一个系统成为管理整个企业的一种综合性的制定计划的工具；ERP（Enterprise Resources Planning），一种基于企业内部供应链的管理思想，把客户需求和企业内部的制造活动以及供应商的制造资源整合在一起，体现了完全按用户需求制造的思想。

ERP 作为企业管理思想，是一种新型的管理模式；作为一种管理工具，同时又是一套先进的计算机管理系统。它利用信息科学的最新成果，根据市场的需求对企业内部和其供应链上各环节的资源进行全面规划、统筹安排和严格控制。从而保证人、财、物、信息等各类资源得到充分、合理的应用，达到提高生产效率、降低成本、满足顾客需求、增强企业竞争力的目的。ERP 是现代管理思想的产物，它将许多先进的管理，如敏捷制造、精益生产、并行工程、供应链管理、全面质量管理等体现在 ERP 软件系统中，成为崭新的现代企业的管理手段。其基本思想是把企业的业务流程看作是一个紧密连接的供应链，并将企业内部划分成几个相互协同作业的支持子系统，如财务、市场营销、生产制造、服务维护、工程技术等。ERP 可对企业内部供应链上的所有环节如订单、采购、库存、计划、生产制造、质量控制、运输、分销、服务与维护、财务、成本控制、经营风险与投资、决策支持实验室／配方、人力资源等有效地进行管理，从管理范围和深度上为企业提供了更丰富的功能和工具。ERP 在对整个供应链的管理过程中更加强调和加强了对资金流和信息流的控制，这就将对供应链的管理上升到对价值链的控制。

（三）充分发挥内部审计的作用

内部审计与外部审计有着本质的区别，它不但要鉴证过去发生的业务，还要做出评价，它更多的是经济效益审计、经营审计或管理审计。要充分发挥内部审计的监督、鉴证和评

价职能，建立起有效的控制体系。

管理控制的基本逻辑是：内部审计部门对中层管理和底层管理进行审计和绩效评估，并将结果分别向高层管理和企业的最高权力机构报告；高层管理在接到内部审计部门的报告后对中层管理和底层管理采取相应的措施，或奖励或惩戒；最高权力机构把内部审计部门的报告作为评价高层管理的基础资料，并检查高层管理针对发现的问题是否做出了有效的处理以及效果如何。由于内部审计部门属于企业内部管理的一个组成部分，它不可能有效地对高层管理进行评价和评估，所以，对高层管理的审计要由审计委员会来实施。

第三节 企业文化

一、企业文化的内涵

企业文化通常指的是企业内的环境或个性，大致可以包括四个方面：企业员工所共有的观念、价值取向以及行为等外在表现形式；由管理作风和管理观念（管理者说的话、做的事，奖励行为）构成的管理气氛；由现存的管理制度和管理程序构成的管理氛围；书面或非书面形式的标准和程序所形成的惯例等等内容。而且，随着社会环境的变化，企业文化的内容和范围也会发生相应的变化，但从现代企业来看，它已经成为企业经营管理不可分割的一个组成部分。

二、企业文化的作用

企业文化与企业在管理上的许多规章制度并不是等价的概念。规章制度多是规范员工个人和商业行为的，是外部给员工的要求。企业的规章制度制定的再详细严密，总有些无法考虑到的地方，所以用行为控制的方式去管理员工，总无法真正将员工管理好，更谈不上发挥他们的积极性和创造性。管理的最高境界是员工自己管理自己，要员工自己管理自己就是让员工相信这个企业，相信这个企业主张的价值观是正确的和意义重大的，不光是对企业，而且对个人发展和修身养性都意义重大。好的管理都是非常注重文化建设的，而好的文化里面几乎满是做人的道理。只有文化才能将人心"管"住，"管"住了心，就"管"住了一切。

总括来看，企业文化在企业中具有多种功能，第一，它起着分界线的作用，使不同的企业明显区别；第二，它表达了组织成员对组织的认同感；第三，它使组织成员将对组织的承诺置于个人利益之上；第四，它有助于增强社会系统的稳定性，它是一种"黏合剂"，它通过为组织成员提供适当的言行举止标准，从而把整个组织凝聚在一起；第五，企业文化作为一种观念形成控制机制，指导并塑造员工的行为，决定了企业内部的游戏规则。

三、企业文化的构建

企业文化包含着企业的价值观、经营理念，它对员工及组织行为产生规范性、约束性影响，是一种非强制性的文化形式。企业没有共同的价值观就是一盘散沙，企业没有正确的价值观，就不可能创造出巨大的经济效益和社会效益。企业文化是企业管理的高级层次，是企业所蕴含的精神底蕴。企业文化融入企业基础管理之中，体现在基础性的生产、营销、质量、成本和技术等方面。

企业内部控制并不单纯地依靠经济利益的调节。做企业如同做人，企业内部控制应当建立在共同的伦理道德的基础上，形成真正意义上的团队精神。只有当企业中的每一个员工信仰明确、思想鲜明，内部控制才更有实效。企业内部要充分体现以人为本的思想。要强调仁爱的作用，强调沟通和感情的交流，减少管理者与被管理者之间的隔阂。这样，更有利于企业形成强有力的群体，调动每一个人的积极性。企业内部控制要重视集体主义的精神建设。创造一个良好的人际关系环境空间，大家相互支持、相互激励，充分发挥好自己的主观能动性。

第四节　内部控制的信息系统

一、管理方法和管理手段

一定的管理方法和管理手段是一定社会生产力发展水平的产物。在人类管理史上一个很长的时期，由于管理规模的狭小、管理手段的落后、管理目标的单一、管理活动节奏的缓慢，信息处理过程比较简单。管理者往往把主要的注意力放在对人、财、物等资源的直接利用上，很少考虑信息在管理中的作用，更不用说通过信息管理来履行管理职能，实现管理目标。但是，由于生产社会化的程度越来越高，企业的规模越来越大，管理过程越来越复杂，信息不仅是现代管理的重要资源，而且是管理活动赖以进行的凭借。管理决策对信息的需求不仅在数量上大幅度增加，而且在质量方面也提出了更高的要求。控制和信息是不可分的，任何信息的传递和处理都是为了控制，任何控制都要凭借信息。信息既是现代社会的主要资源，又是现代管理的基础，从而促使了信息系统的产生。未来的经济决定于信息与知识，信息系统是一个高度综合且各部分密切相关的系统，是能够接受输入数据和指令，按照指令的要求对数据进行处理产生有用信息，并输出这些信息的独立完整的系统。

企业管理信息系统，是一个覆盖企业或主要业务部门的辅助管理的人—机（计算机）系统，主要为运营、生产和行政的管理工作服务，它和企业的管理密切相关，和企业的管理模式、经营意识密切相关，为企业的最终目标服务。它是集计算机技术、网络通信技术为一体的信息系统工程，按企业当前的运作模式，将日常工作中的资料、数据纳入计算机应用系统中，能够使企业运行的数据更加准确、及时、全面、翔实。采用先进、适用、有效的企业管理体制，把 MIS 运用于企业管理的各个环节和层次，可以改善企业的经营环境、降低经营生产成本，提高企业的竞争力；在企业内部改善商流、物流、资金流、信息流的通畅程度，使得企业的运行数据更加准确、及时、全面、翔实，同时对各种信息进一步加工，使企业领导层的生产、经营决策依据充分，更具科学性，更好地把握商机，创造更多的发展机会；有利于企业科学化、合理化、制度化、规范化的管理，使企业的管理水平跨上新台阶，为企业持续、健康、稳定的发展打下基础。

二、内部控制信息系统的建设

管理过程包括计划、组织、决策和控制人事与活动，不同的管理层为完成这些任务需要不同的信息。高层管理者负责确立整个组织的目标群，他需要使用外部的信息来寻找新的商机并建立组织的目标。中层管理者组织和控制企业的资源来达到这些目标，他们需要能使他们有效的分配资源来达到组织目标的信息。底层管理者监督管理日常的业务活动，他们需要日常业务的反馈信息。所以，企业的管理信息系统可以从这三个层次进行构建。

管理信息系统的作业层，主要是收集、验证并记录事务处理描述公司资源收支情况的数据。比如，应收账款、应付账款、现金收据等记载的财务数据必须在业务发生时被记录下来；售出货物时，记录各项货物的数据，更新这些货物的库存水平，并准备运输标签和打包封条，做好发票。管理信息系统的战术计划层，为中层管理人员监督和控制业务活动、有效地分配资源提供所需的信息，主要是对业务处理数据进行概括集中和分析。管理信息系统的战略计划层提供辅助高层管理人员制定企业长期策略的信息。高层管理者一般会利用战略计划信息系统确立企业的长期目标，中层管理者通常依靠战术系统控制其职权范围内的部门，并分配资源以实现高层管理者制定的目标。

第八章 内部控制的演进与评价

第一节 内部控制的演进

一、内部控制

所谓内部控制是指一个人不能完全支配账户，另一个人也不能独立地加以控制的制度。也就是一名员工与另一名员工必须是相互控制、相互稽核的。内部牵制是"为提供有效的组织和经营，并防止错误和其他非法业务发生而制定的业务流程，其主要特点是以任何个人或部门不能单独控制任何一项或一部分业务权力的方式进行交叉检查或交叉控制"。内部牵制隐含两个假设：两个或两个以上的人或部门无意识地犯同样错误的可能性很小；两个或两个以上的人或部门有意识地串通舞弊的可能性大大低于单独一个人或部门舞弊的可能性。它要求在企业经营管理中凡涉及财产物资和货币资金的收付、结算及其登记工作时，应当由两个或两个以上的员工来处理，以便彼此牵制，查错防弊。

在我国财政部印发的《内部会计控制规范》中就规定了五种不相容职务：授权批准、业务经办、会计记录、财产保管、稽核，要求合理设计会计及相关工作岗位，明确职责权限，形成相互制衡机制。人们对内部牵制的理解基本上已经达成共识，在现代内部控制理论和实务中，它仍占有很基础的地位，成为内部控制设计的一个指导原则。

可以说在审计介入内部控制理论的研究之前，作为现代内部控制雏形的内部牵制制度，主要目的就是查错防弊，控制的主要形式是通过人员之间职能的牵制实现对财产物资和货币资金的控制。它是基于企业经营管理的需要，在当时生产规模较小和管理理论比较原始的条件下，通过总结以往的经验在实践的基础上逐渐形成的。所以，内部控制的最初发展并不是为审计服务的，它完全是从管理的角度出发的，而且，在这个时期，从一定意义上说，管理和控制是两个基本等效的概念，它们在含义上是基本一致的。

二、内部控制制度

审计界提出内部控制概念的目的是为了满足财务审计的需要，与管理人员对内部控制的理解和要求是不可能一致的，因此，内部控制分为会计控制和管理控制：

（一）会计控制

会计控制"由组织计划和所有保护资产、保护会计记录可靠性或与此相关的方法和程序构成。会计控制包括授权与批准制度；记账、编制财务报表、保管财务资产等职务的分离；财产的实物控制以及内部审计等控制"。

（二）管理控制

管理控制"由组织计划和所有为提高经营效率、保证管理部门所制定的各项政策得到贯彻执行或与此直接相关的方法和程序构成。管理控制的方法和程序通常只与财务记录发生间接的关系，包括统计分析、时动分析、经营报告、雇员培训计划和质量控制等"。独立审计师应主要检查会计控制，会计控制一般对财务记录产生直接的、重要的影响，审计人员必须对它做出评价。管理控制通常只对财务记录产生间接的影响，因此，审计人员可以不对其作评价。但是，如果审计人员认为，某些管理控制对财务记录的可靠性产生重要的影响，那么他要视情况对它们进行评价。

会计控制的严格的定义，"会计控制是组织计划和所有与下面直接有关的方法和程序：一是保护资产，即在业务处理和资产处置过程中，保护资产遭过失错误、故意致错或舞弊造成的损失；二是保证对外界报告的财务资料的可靠性"。

会计控制和管理控制的新定义：

1. 会计控制

会计控制由组织计划以及与保护资产和保证财务资料可靠性有关的程序和记录构成。会计控制旨在保证：经济业务的执行符合管理部门的一般授权或特殊授权的要求；经济业务的记录必须有利于按照一般公认会计原则或其他有关标准编制财务报表，落实资产责任；只有在得到管理部门批准的情况下，才能接触资产；按照适当的间隔期限，将资产的账面记录与实物资产进行对比，一经发现差异，应采取相应的补救措施。

2. 管理控制

管理控制包括但不限于组织计划以及与管理部门授权办理经济业务的决策过程有关的程序及其记录。这种授权活动是管理部门的职责，它直接与管理部门执行该组织的经营目标有关，是对经济业务进行会计控制的起点。

注册会计师在开展其审计工作时所运用的会计控制概念，是一种纯技术的、专业化的、适用范围具有严格规定性的、防护色彩很浓的概念，这种以会计控制为主的定义，虽为独立审计界认可，却屡屡遭到管理人员代言人的攻击。内部控制范围和目标应予以扩展，以便它们更能够适应管理部门的需要。

审计中内部控制的含义，其广义的目标是保护财产和记录的可靠性，其具体的目标包括交易的授权、交易的记录、资产接触控制、资产数量和记录比较的会计责任，从法律法规的角度支持了这种内部控制的定位。最终的结果就是审计角度的内部控制与管理者期望的内部控制之间的差距越来越大。

三、内部控制结构

内部控制结构包括控制环境、会计系统和控制程序三个要素：

（一）控制环境

指对企业控制的建立和实施有重大影响的一组因素的统称，反映董事会，管理者、业主和其他人员对控制的态度和行为，主要包括管理哲学和经营方式、组织结构、董事会及审计委员会的职能、授权和分配责任的方式、管理控制方法、内部审计、人事政策与实务等；管理者监控和检查工作时所用的控制方法，包括经营计划、预算、预测、利润计划、责任会计和内部审计等。

（二）会计系统（Accounting System）

指公司为汇总、分析、分类、记录，报告业务处理的各种方法和记录，包括文件预先编号、业务复核、定期调节等；一个有效的会计制度包括以下内容：鉴定和登记一切合法的经济业务；对各项经济业务适当进行分类，作为编制报表的依据；计量经济业务的价值以使其货币价值能在财务报表中记录；确定经济业务发生的时间，以确保它记录在适当的会计期间；在财务报表中恰当地表述经济业务及有关的揭示内容。

（三）控制程序

指为合理保证公司目标实现而建立的政策和程序，它包括适当授权、恰当的职责分离、充分的凭证和记录、资产和记录的实物控制、业务的独立检查等。会计系统是内部控制结构的关键因素，也是审计师要直接利用的因素。控制程序是保证内部控制结构有效运行的机制。

内部控制结构概念特别强调了包括管理人员对内控的态度、认识和行为等控制环境的重要作用，认为这些环境因素是实现控制目标的环境保证，要求审计师在评估控制风险时除关注会计系统和控制程序外，应对企业面临的内外环境进行评价。将内部控制环境这一总括性的要素纳入其中，这个定义从内容范围上有所扩大，不但涉及会计控制，而且也包含了更多管理控制的内容。但是，内部控制依然被认为是"各种政策和程序"，仍然是作为从企业管理中抽象出来为审计服务的一个工具。

四、内部控制整合框架

20世纪80年代中，由AICPA、美国审计总署（AAA）、FEI、I队及管理会计师协会（IMA）共同赞助成立了反对虚假财务报告委员会(National Commission on Fraudulent

Financial Reporting),即 Treadway 委员会,该委员会所探讨的问题之一就是舞弊性财务报告产生的原因,其中包括内部控制不健全问题。之后,Treadway 委员会提出报告,并提出了很多有价值的建议。虽然 Treadway 委员会未对内部控制提出结论,但它的报告立刻引起了很多组织的回应。基于 Treadway 委员会的建议,其赞助机构又组成了一个专门研究内部控制问题的委员会[由美国注册会计师协会(AICPA)、国际内部注册会计师协会(IIA)、财务经理协会(FEI)、美国会计学会(AAA)、管理会计学会(IMA)共同组成],即 COSO 委员会(Commite of Sponsoring Organizations of The Treadway Commission)。

20 世纪 90 年代初,COSO 委员会提出了报告《内部控制—整体框架》,该报告被认为是内部控制理论的最新发展和完善。报告认为"内部控制是受董事会、管理当局和其他职员的影响,旨在取得:①经营效果和效率;②财务报告的可靠性;③遵循适当的法律等目标而提供合理保证的一种过程"。"经营过程是指通过规划、执行及监督等基本的管理过程对企业加以管理。这个过程由组织的某一个单位或部门进行,或由若干个单位或部门共同进行。内部控制是企业经营过程的一部分,与经营过程结合在一起,而不是凌驾于企业的基本活动之上,它使经营达到预期的效果,并监督企业经营过程的持续进行。内部控制只是管理的一种工具,并不能取代管理。"

内部控制整体框架主要包括以下内容:

(一)控制环境

控制环境构成一个单位的氛围,影响内部人员控制其他要素的基础。包括:

1. 员工的诚实性和道德观,如有无描述可接受的商业行为、利益冲突、道德行为标准的行为准则;
2. 员工的胜任能力,如雇员是否能胜任质量管理要求;
3. 董事会或审计委员会,如董事会是否独立于管理层;
4. 管理哲学和经营方式,如管理层对人为操纵的或错误的记录的态度;
5. 组织结构,如信息是否到达合适的管理阶层;
6. 授予权利和责任的方式,关键部门的经理的职责是否有充分规定;
7. 人力资源政策和实施,如是否有关于雇佣、培训、提升和奖励雇员的政策。

(二)风险评估

风险评估指管理层识别并采取相应行动来管理对经营、财务报告、符合性目标有影响的内部或外部风险,包括风险识别和风险分析。风险识别包括对外部因素(如技术发展、竞争、经济变化)和内部因素(如员工素质、公司活动性质、信息系统处理的特点)进行检查。风险分析涉及估计风险的重大程度、评价风险发生的可能性、考虑如何管理风险等。

（三）控制活动

控制活动指对所确认的风险采取必要的措施，以保证单位目标得以实现的政策和程序。实践中，控制活动形式多样，可将其归结为以下几类：

1. 业绩评价

业绩评价是指将实际业绩与其他标准，如前期业绩、预算和外部基准尺度进行比较；将不同系列的数据相联系，如经营数据和财务数据，对功能或运行业绩进行评价。这些评价活动对实现企业经营的效果和效率非常有用，但一般与财务报告的可靠性和公允性相关度不高。

2. 信息处理

信息处理指保证业务在信息系统中正确、完全和经授权处理的活动。信息处理控制可分为两类：一般控制和应用控制。一般控制与信息系统设计和管理有关，如保证软件完整的程序、信息处理时间表、系统文件和数据维护等；应用控制与个别数据在信息系统中处理的方式有关，如保证业务正确性和已授权的程序。

3. 实物控制

实物控制也称为资产和记录接近控制，这些控制活动包括实物安全控制、对计算机以及数据资料的接触予以授权、定期盘点以及将控制数据予以对比。实物控制中防止资产被窃的程序与财务报告的可靠性有关，如在编制财务报告时，管理层仅仅依赖于永续存货记录，则存货的接近控制与审计有关。

4. 职责分离

职责分离指将各种功能性职责分离，以防止单独作业的雇员从事或隐藏不正常行为。一般来说，下面的职责应被分开：业务授权（管理功能）、业务执行（保管职能）、业务记录（会计职能）、对业绩的独立检查（监督职能）。理想状态的职责分离是，没有一个职员负责超过一个的职能。

（四）信息与沟通

指为了使职员能执行其职责，企业必须识别、捕捉、交流外部和内部信息。外部信息包括市场份额、法规要求和客户投诉等信息。内部信息包括会计制度，即由管理当局建立的记录和报告经济业务和事项，维护资产、负债和业主权益的方法和记录。

沟通是使员工了解其职责，保持对财务报告的控制。它包括使员工了解在会计制度中他们的工作如何与他人相联系，如何对上级报告例外情况。沟通的方式有政策手册、财务报告手册、备查簿，以及口头交流或管理示例等。

（五）监督

指评价内部控制质量的进程，即对内部控制改革、运行及改进活动评价。包括内部审计和与单位外部人员、团体进行交流。

在COSO报告第二卷"对外部关系人报告"的修正说明中指出："防止未经授权而取得、使用或处置资产的内部安全控制是一个为预防或及时发现对财务报告有重大影响的未经授权的资产的取得、使用或处置提供合理保证的过程，上述过程受企业的董事会层及其他人员的影响。""当董事会和管理阶层能合理的保证，对财务报告有重大影响的未经授权的资产取得、使用或处置能被预防或及时发现时，则这类内部控制可被判断为有效。"新准则将内部控制定义为："由一个企业的董事长、管理层和其他人员实现的过程，旨在为下列目标提供合理保证：财务报告的可靠性；经营的效果和效率；符合适用的法律和法规。"与以往的内部控制理论及研究成果相比，COSO报告提出了许多新的、有价值的观点，主要体现在：

1. 明确了建立内部控制的"责任"

COSO报告认为：不仅仅是管理人员、内部审计或董事会，组织中的每一个人都对内部控制负有责任。确立这种组织思想有利于将企业的所有员工团结一致，使其主动地维护及改善企业的内部控制，而不是与管理阶层相互对立，被动地执行内部控制。

2. 强调内部控制应该与企业的经营管理过程相结合

COSO报告认为：经营过程是指通过规划、执行及监督等基本的管理过程对企业加以管理。这个过程由组织的某一个单位或部门进行，或由若干个单位或（及）部门共同进行。内部控制是企业经营过程的一部分，与经营过程结合在一起，而不是凌驾于企业的基本活动之上，它使经营达到预期的效果，并监督企业经营过程的持续进行。不过，内部控制只是管理的一种工具，并不能取代管理。

3. 强调内部控制是一个"动态过程"

内部控制是对企业的整个经营管理活动进行监督与控制的过程，企业的经营活动是永不停止的，企业的内部控制过程也因此不会停止。企业内部控制不是一项制度或一个机械的规定，企业经营管理环境的变化必然要求企业内部控制越来越趋于完善，内部控制是一个发现问题、解决问题、发现新问题、解决新问题的循环往复的过程。

4. 强调"人"的重要性

COSO报告特别强调，内部控制受企业的董事会、管理阶层及其他员工影响，透过企业之内的人所做的行为及所说的话而完成。只有人才可能制定企业的目标，并设置控制的机制。反过来，内部控制影响着人的行动。

5. 强调"软控制"的作用

相对于以前的内部控制研究成果而言，COSO报告更加强调那些属于精神层面的事物，如高级管理阶层的管理风格、管理哲学、企业文化、内部控制意识等"软控制"的作用。再完善的企业制度都会有漏洞，仅仅靠企业制度安排还是不行的，应该在强化企业制度安排的同时，还要注重人的问题，因为企业制度是人制定的，而且需要人来执行，人的问题不解决好，再好的企业制度安排，也都无法保证企业高效稳定地发展。

6. 强调风险意识

COSO报告指出，所有的企业，不论其规模、结构、性质或产业是什么，其组织的不同层级都会遭遇风险，管理阶层须密切注意各层级的风险，并采取必要的管理措施。

7. 糅合了管理与控制的界限

在COSO报告中控制已不再是管理的一部分，管理和控制的职能与界限已经模糊。

8. 强调内部控制的分类及目标

COSO报告将内部控制目标分为三类：与营运有关的目标、与财务报告有关的目标以及与法令的遵循性有关的目标等。这样的分类高度概括了企业控制目标，有利于不同的人从不同的视角关注企业内部控制的不同方面。

9. 明确指出内部控制只能做到"合理"保证

COSO报告认为：不论设计及执行有多么完善，内部控制都只能为管理阶层及董事会提供达成企业目标的合理保证。而目标达成的可能性，尚受内部控制之先天条件所限制。

10. 明确指出内部控制应当符合成本与效益原则

内部控制并不是要消除任何滥用职权的可能性，而是要创造一种为防范滥用职权而投入的成本与滥用职权的累计数额之比呈合理状态（即经济原则）的机制。

COSO报告把内部控制视为企业经营过程的组成部分，是管理的一种工具，是一种提供合理保证的过程，这与内部控制结构中"各种政策和程序"的提法相比有了一定的进步。从其具体内容来看，内部控制整体框架中包括了控制环境、风险评估、控制活动、信息和沟通、监督五个部分，如果详细地分析一下其具体内容，我们就会发现内部控制的内容已经涵盖了企业经营管理的很多方面，而且从整体上来看，已经形成一个系统，再把内部控制视为管理的一种工具，实在有些勉强和不协调。

五、内部控制系统的框架

内部控制框架的目标和任务以及内部控制程序的主要构成要素。

（一）内部控制框架的目标及作用

内部控制是由董事会，高级管理层及所有职员参与的过程。它不是指在某一特定时点执行的程序或政策，而是指银行内部在各方面持续操作的过程。董事会和高级管理层负责建立适当的文化以促进有效的内部控制程序，并且监控其持续有效性。而且，组织里的每个人必须参与这个过程。内部控制的主要目的有以下几个：

1. 行为的效率和效力（绩效目标）；
2. 金融和管理信息的可靠性、完整性和及时性（信息目标）；
3. 遵守适合的法律和规则（遵守目标）。

内部控制的绩效目标是指银行使用其资产和其他资源的效力和效率以及保护银行免遭损失。内部控制程序致力于确保组织的职员高效、完整地实现目标，不存在无意识和额外的消耗或者把其他利益（如职工，卖主或消费者的利益）置于银行的利益之前。信息目标是指编制银行组织决策所需要的及时、可靠和相关的报告。他们同时要提交可靠的年度报表、其他财务报告书及相关财务状况的披露，以及向股东、监督人和其他外部团体所做的报告。经理、董事会、股东和监督者所获得的信息应是十分可靠和完全的，以便根据这些信息做出决策。可靠性是与财务报表相关的，指的是编制公允呈报的、基于公认与明确定义的会计原则和规则的报表。遵循目标确保所有银行业务都遵守适合的法律与规则、监督要求和组织的政策与规程。为了保护银行的特权和名誉，这个目标必须实现。

（二）内部控制程序的主要构成要素

1. 管理监督和控制文化

（1）董事会

董事会应当有责任批准和定时审核银行的全部商业策略和重要的政策；了解银行经营中的主要风险，为这些风险设定可以接受的水平，确保高级管理层采取必要的措施来识别、计量、监督和控制这些风险；批准组织结构，确保高级管理层对内部控制系统的有效性进行适时监督。董事会对确保充分、有效内部控制系统的建立和维持负最终责任。

（2）高级管理者

高级管理者应当有责任执行董事会批准的战略和政策；制定措施来识别、计量、监督和控制银行业务所引发的风险；维持一个能够清晰分配责任、权力和报告关系的组织结构；确保委托责任的有效完成；设定适当的内部控制措施；监督内部控制系统的充分性和有效性。

（3）控制文化

董事会和高级管理层有责任倡导高水平的伦理道德和正直诚实的标准，在组织内部建立一种文化，强调并向所有层次员工展示内部控制的重要性。银行系统里的所有员工需要了解他们自己在内部控制程序中的作用，并全力投入其中。

2. 风险识别和评估

一个有效的内部控制系统要识别和持续地评估那些能够对实现银行的目标产生反面影响的重大风险。这种评估应当涵盖银行和整个的银行组织所面对的所有风险（如信用风险，国家和转移风险，市场风险，利率风险，流动性风险，经营风险，法律风险和声誉风险）。需要对内部控制做出修订，致力于任何新的或以前没有控制到的风险。

3. 控制活动和职责分离

控制活动应当是银行日常活动的一个组成部分。一个有效的内部控制系统要求建立一个适当的控制结构，在企业的每一层次定义出控制活动。这些控制措施包括：高水平的复核；对不同部门或部分的适当的活动控制；实物控制；检查是否遵守了披露限制以及没有遵守的后续措施；批准和授权制度；确认和协调制度。

有效的内部控制系统要求建立适当的职责分离，没有给员工分配相冲突的职责。应当识别存在潜在利益冲突的领域，使之最小化，并进行谨慎的、独立的监督。

4. 信息与沟通

一个有效的内部控制系统不但需要与决策有关的事项和环境的外部市场信息，也需要充分的、全面的内部财务、经营和遵循情况的数据。信息应当可靠、及时、可以取得，并且以一致的形式提供。

一个有效的内部控制系统要求银行所有的重要活动具有可靠的信息系统。这些系统，包括那些拥有和使用电子形式数据的系统，必须是安全的，进行了独立的监控，并且得到了充分的应对意外事故安排的支持。

一个有效的内部控制系统需要有效的沟通渠道，以确保所有的员工充分的理解和遵守影响他们职责和义务的政策和程序，其他相关信息也要同时传达相关的人员。

5. 监督活动与纠正缺陷

应当在持续的基础上监控银行内部控制的整体有效性。重大风险的监控不仅是业务政策和内部审计的定期评价，也是银行日常活动的一个组成部分。

内部控制系统应当有一个有效的、全面的内部审计，它应当由独立操作、适当培训和有能力胜任的员工执行。内部审计职能部门，作为内部控制系统监控的组成部分，应当直接向董事会或审计委员会和高级管理层报告。

（三）监管当局对内部控制系统的评价

监管者应当要求所有的银行，无论其规模大小，建立一个与其性质、复杂程度和借贷活动固有的风险相一致的内部控制系统，并且对银行环境和条件的变化做出反应。如果监管者确认某一银行的内部控制系统对其特定的风险状况来说是不充分或无效的（比如，没有涵盖本文献中的所有原则），他们应当采取适当的行动。

六、SEC 的财务报告内部控制

美国证券交易委员会（SEC）21 世纪初提出了财务报告内部控制的概念。财务报告内部控制是指由公司的首席执行官、首席财务官或者公司行使类似职权的人员设计或监管的，受到公司的董事会、管理层和其他人员影响的，为财务报告的可靠性和满足外部使用的财务报表编制符合公认会计原则提高合理保证的控制程序。

财务报告内部控制的具体控制政策和程序主要包括：

1. 保持详细程度合理的会计记录，准确公允地反映资产的交易和处置情况；

2. 为下列事项提供合理保证：公司对发生的交易进行必要的记录，从而使财务报表的编制满足公认会计原则的要求，公司所有的收支活动经过公司管理层和董事会的授权；

3. 为防止或及时发现公司资产未经授权的取得、使用和处置提供合理保证，这种未经授权的取得、使用和处置资产的行为可能对财务报表产生重要影响。

第二节　内部控制整合框架的探讨

一、内部控制的含义和目标

内部控制最原始的含义就是不同的事由不同的人负责。这个简单的提法引起了企业家、立法者、管理者和其他各方之间理解上的混乱。由此而产生的错误沟通和不同的期望引发了各种各样的问题。COSO 报告针对管理层和其他各方不同的需要和期望，在承认各方对内部控制的理解存在差异的前提下，通过内部控制整体框架的提出，希望达到两个目的：

一是确立一个服务于不同各方需要的一般定义；

二是提供一个企业和其他各方（大型的或小型的，公共的或私人的部门，营利的或非营利的）可以评价它们的控制系统并确定如何加以改善的标准。

内部控制从广义上定义为由企业的董事会、管理层和其他员工实施的一个过程，目的是为下列目标的实现提供一个合理的保证：经营的效果和效率；财务报告的可靠性；与法律和法规的符合性。第一类目标致力于企业基本的商业目标，包括绩效和利润目标以及资源的安全保护。第二类目标涉及编制可靠的公开财务报表，包括中期财务报表、简略财务报表以及从这些报表中选取的根据，比如收益情况公告、公开报告。第三类目标是要符合相关的法律和法规。这些明确的目标表明了不同的需要，提供了一个各方直接关注的重点来满足各种需要。

内部控制系统运行在不同的效能水平上。可以分别从三类目标的每一类来判断内部控制的有效性。如果董事会和管理层能够合理保证：他们了解企业经营目标的完成程度；公布的财务报表编制可靠；生效的法律和法规都得到了遵守，那么内部控制就是有效的。尽管内部控制是一个过程，但是，它的有效性是一个过程在一个或多个时间点上的状态或状况。

二、构成要素的相互关系

在 COSO 框架中，内部控制由控制环境、风险评估、控制活动、信息与沟通和监督五个相关的要素组成。它来源于管理层经营企业的方式，并且与管理过程结合在一起。

控制环境确立了一个组织的基调，影响其人员的控制意识。它是所有其他内部控制构成要素的基础，提供规则和结构。控制环境要素包括企业员工的正直性、伦理价值观和能力；管理哲学和经营方式；管理当局分配权利和责任，以及组织和人力资源开发的方式；董事会的关注和指导等。

每一个企业都面临着来自外部和内部的各种风险，必须进行评估。风险评估的前提条件是确立与不同的水平相联系并且内部协调一致的目标。风险评估就是对与实现目标有关的风险进行识别和分析，为决定如何控制风险形成根据。因为经济、行业、法规和经营条件是持续变化的，企业需要识别和处理与变化有关的特殊风险。

控制活动是有助于确保管理指令得以执行的措施和程序。它们有助于确保针对实现企业目标的风险采取了必要的行动。控制活动发生在整个组织中，发生在各个层次上，也发生在各种职能中。它们包括各种各样的活动，比如，批准、授权、查证、协调、经营绩效的复核、财产的保护和职责的分离等。

信息与沟通要求必须识别、获取潜在的信息，并以一定的方式在员工能够履行他们职责的期限内进行交流。信息系统产生报告，报告中包含经营、财务和与符合法规有关的信息，它使管理和控制企业成为可能。它们处理的不仅仅是内部产生的信息，而且还有有关外部事件，活动的信息，以及有必要通知企业决策层的情况和外部报告。有效的沟通也必须发生在一个更加广泛的意义上，自上而下、横向、自下而上在组织内流动。所有的人员必须从最高管理层收到明确的信息：控制的职责必须认真地执行。他们必须明白自己在内部控制系统中的角色，必须明白个人的活动与其他人的工作是如何联系在一起的。他们必须有向上级管理层沟通重要信息的途径。此外，与外部各方的沟通也应当是有效的，比如，顾客，供应商、监管者和股东。

内部控制系统需要进行监督，它是一个评价系统实施质量的过程。这个过程是通过持续进行的监督活动、独立评估或者两者的结合来完成的。持续进行的监督发生在经营过程中，它包括通常的管理和监督活动，以及员工在履行他们的职责时所采取的其他活动。独立评估的范围和频率主要取决于风险的评估和持续监督程序的有效性。内部控制缺陷应当向上汇报，而且重大事件要报告给最高管理层和董事会。

三、内部控制的效用和局限性

在三类企业要努力实现的目标之间以及实现这些目标所需要的内部控制的构成要素之间存在着直接的联系。内部控制的所有构成要素都与每一类目标相关。从任何一类目标（比如，经营的有效性和效率性）来看，只有所有的五个构成要素都存在，并且有效地发挥作用，才能确定经营的内部控制是有效的。

从一般意义上来说，内部控制能够帮助企业实现它的绩效和利润目标，防止资源损失。它能够有助于确保可靠的财务报告，而且它能够有助于确保企业遵守了法律和法规，避免声誉损害和其他后果。总之，它能够有助于一个企业达到它的目标，并且避免这个过程中的隐患和意外。

内部控制能够确保财务报告的可靠性和法律法规的符合性，这种想法也是不能获得保证的。一个内部控制系统无论构思和运行的多好，它都只能向管理当局和董事会提供实现企业目标的合理的，而不是绝对的保证。目标实现的可能性受到内部控制系统所有固有缺陷的影响，决策中的判断可能是错误的，事故的发生也可能是因为轻微的误差或错误引起的。而且，控制可能会被两个或更多个人的共同谋划而绕过，管理当局也有能力越过控制系统。另一个限制因素是：内部控制系统的设计必须反应存在资源约束的现实，而且，控制的效益必须与控制所费的成本相联系来考虑。因此，尽管内部控制能够帮助一个企业实现它的目标，但是，它不是万能的。

四、内部控制的实施与参与

高级管理层、董事会、内部审计师、其他人员、立法者和监管者、职业组织等相关各方在内部控制的实施中发挥着重要的作用。

（一）高级管理层

首席执行官对内部控制负有根本的责任，他应当确保内部控制系统的"所有权"。与任何一个其他人不同，首席执行官确立"最高的基调"，这个基调影响着一个积极控制环境的正直、伦理以及其他要素。在大型公司里，首席执行官通过向高级经理提供领导职位和指导，并复核他们控制业务的方式来履行这项职责。而高级经理则把制定更加具体的内部控制措施和程序的职责分配给负责单位职能（unit function）的人员。在小型公司里，首席执行官，通常既是所有者又是管理者，他的影响通常更直接。无论公司规模大小如何，在一个瀑布型的职责体系中，经理实际上就是他或她职责范围内的首席执行官。财务执行官和他们的职员尤其重要，他们的控制活动既可以直接穿过，又可以遍及企业经营以及其他各个要素。

尽管大部分高级行政人员认为他们基本上"控制着"他们的组织，但是，很多人也认为：在他们的公司里存在着一些尚处于初级控制阶段或者需要加强控制的区域（比如，一个分公司、一个部门或一个超越其他活动的控制要素）。参照这个框架，首席执行官以及主要的经营和财务官员能够把注意力集中在需要的地方，着手对控制系统进行自我评价。首席执行官需要把各业务部门的经理和主要的职能人员召集到一起，讨论如何对控制进行初步的评价，并做出指示，要求他们在初步评价过程中与其部门的主要员工讨论内部控制的相关概念，就他们的责任范围提供监督并报告以后的结果。还要初步复核公司或公司部门的政策和内部审计计划。无论其形式如何，应当确定初步自我评价是否有必要，以及如何继续进行一个更广泛、更深入的评价，它应当确信持续的监督过程是适当的。

（二）董事会

管理当局应向董事会负责，董事会进行治理、指导和监督。有效的董事会成员应当是客观、有能力和善于发问的。他们应当了解企业的活动和环境，而且要花费必要的时间来履行董事会的职责。管理当局所处的位置可以越过控制，并且能够不理睬或抵制来自下属的信息沟通，这使蓄意不如实叙述成果的不诚实的管理当局能够掩盖它的劣迹。一个强有力的、积极的董事会，尤其是结合有效的向上沟通渠道和有效的财务、法律和内部审计职能，通常能够很好地识别和改正这些问题。董事会成员应当与高级管理层讨论企业内部控制的状况，并提出必要的监督。他们应当从内部和外部审计师那里寻求信息的输入。

（三）内部审计师

内部审计师在评价控制系统的有效性方面发挥着重要的作用，他有助于控制的持续有效性。因为其在企业中的特殊职位和授权，内部审计通常都发挥着重要的监督作用。内部审计师应当考虑他们关注内部控制系统的范围，而且要把他们的评价材料与评价工具进行比较。

（四）立法者和监管者

任何实际存在的问题都可能有误解和不同的期望，对内部控制的期望在两个方面存在很大的不同。首先，控制系统能完成什么，意见不同。一些学者认为内部控制系统能够或者应当防止经济损失，或者至少防止公司脱离正常轨道。第二，即使对内部控制系统能做什么、不能做什么以及"合理保证"概念的有效性取得一致意见，但是对于这个概念的含义以及如何应用它可能存在着完全不同的观点。监管者在一个所谓的控制失败发生之后，便有了"后见之明"，宣称维护"合理保证"。立法者或监管者与报告内部控制的管理层应当就一个通用的内部控制框架取得一致意见，包括内部控制的局限性。COSO 整体框架就是起了这样一个作用，它有助于达成一致的看法。

（五）职业组织

对财务管理、审计和相关问题提供指导的职业组织在制定规则时应当根据这个框架考虑他们的准则和指南。从某种意义上来看，如果能够消除内部控制概念和术语上的差异，所有的各方都会受益。

第三节 内部控制的纵向比较

内部控制遵循一个由部分到整体、由简单到复杂、由零散向系统的发展过程，其包括的内容，涉及的范围和层面越来越多，内容越来越丰富。比较不同时期内部控制的目标，我们就会发现内部控制的目标呈多元化发展趋势，由最初的仅包括企业利益的单一目标逐渐融入了多个相关利益主体的目标。以 COSO 框架为例，COSO 框架综合了企业管理层和其他相关各方不同的需要和期望，提出了一个服务于不同各方需要的内部控制的一般定义。其目标体系包括三类目标：第一类目标致力于企业基本的商业目标，包括绩效和利润目标以及资源的安全保护，其出发点是企业的生产经营，是为管理者服务的；第二类目标涉及编制可靠的公开财务报表，包括中期财务报表、简略财务报表以及从这些报表中选取的数据，比如收益情况公告、公开报告，其立足点是保护企业外部投资者的利益，是为外部投资者服务的；第三类目标是要符合相关的法律和法规，是为监管者服务的。也就是说这个目标体系中包含了至少三个方面的利益主体，但是，我们很清楚他们的利益是不一致的，而且更为重要的是内部控制的具体实施是在企业内部，直接对其施加影响的是企业管理者。内部控制的内容也逐渐突破企业内部管理控制的限制，开始向直接决定企业经营效率的治理控制扩展。

同时，我们也要看到，内部控制从内容侧重点和形式上都打上了审计行业或专业的烙印，被定义在与财务审计密切联系的"保证和防护政策、程序、过程"这样一个狭窄的范围内。

总之，审计不管是为了增进财务信息的价值还是为了促进股东和企业利益的最大化，还是分担社会风险，从本质来说它是一个评价客观事物的过程。因此，不管其采取的方式和方法如何，它都必须尽可能的客观。我们要看到：内部控制正在逐渐突破审计行业或专业的限制，开始向企业管理和企业治理拓展，形成广义内部控制的发展趋势。而且，在新的经济环境下，随着管理和审计的创新发展，内部控制的发展必将经历一个新的飞跃。

第九章 财务预算控制与分析

第一节 财务预算的内涵与程序

一、预算的概念

预算，是指企业在预测、决策的基础上，以数量和金额的形式反映企业在未来一定时期内经营活动、投资活动、财务活动等的具体计划，是为实现企业目标而对各种资源和企业活动进行的详细安排。预算是一种可据以执行和控制经济活动的最为具体的计划，是对目标的具体化，是将企业活动导向预定目标的有力工具。数量化和可执行性是预算的最主要特征。在实务中，只有经过预算，对企业未来的经济活动进行有预见性的安排，才能够应对未来可能发生的不确定性事项，降低风险，实现财务目标。

二、全面预算

全面预算，是指企业为了实现其生产经营目标，将企业各个部门的经营活动进行规划，形成的一套反映企业预期经营活动的实施方案，财务预算是全面预算的核心内容。全面预算是由一系列的预算组成的，各种预算相互联系，构成比较复杂。

（一）全面预算的内容

全面预算通常包括经营预算、资本支出预算和财务预算三个部分。

1. 经营预算

经营预算，是指企业为了满足日常经营活动的需要而进行的预算，包括销售预算、生产预算、直接材料预算、直接人工预算、制造费用预算、销售及管理费用预算等。企业首先应根据市场需求及自身的生产能力，制定企业销售预算，销售预算是全面预算的起点。根据销售预算，企业分析生产能力能否达到生产要求，编制生产预算；根据生产预算的要求编制直接材料预算、直接人工预算、制造费用预算等。

2. 资本支出预算

资本支出预算，是指企业为满足生产需要而进行的长期投资预算，如固定资产的构建、扩建、改造等，资本支出预算需要长期筹资预算相配合；同时，根据销售预算确定生产预算，进而安排直接材料预算、直接人工预算、制造费用预算、销售费用预算、管理费用预算等。

3. 财务预算

财务预算，是指一系列专门反映企业未来一定预算期内预计财务状况和经营成果，以及现金收支等价值指标的各种预算的总称。财务预算具体包括现金预算、预计利润表、预计资产负债表和预计现金流量表。在全面预算中，财务预算的综合性最强，是预算的核心内容；而财务预算使用的各类指标又依赖于经营预算和资本支出预算，因此，经营预算和资本支出预算是财务预算的基础和前提；在实务中，预算是围绕企业产品或服务的销售额作为起点展开的，因此，销售预算是整个预算管理体系的基础和前提。

（二）全面预算的作用

全面预算作为一种综合管理方法，通过将管理决策数量化实现财务管理功能，在企业的经营管理活动中发挥着重要作用，其作用主要包括以下几个方面：

1. 明确企业经营目标

全面预算是企业目标的具体化，将企业各个部门都纳入预算来管理，将企业的总目标分解为各个部门的目标，各个部门根据各自的预算，对当年的生产经营情况提出明确的目标。全面预算构成一套完整的预算体系，是从上而下的目标定位，各层级的预算相互影响，共同完成企业的预算目标。

2. 协调好各方面的关系

为了使各个职能部门向着共同的企业目标前进，各部门的经济活动必须密切配合，相互协调，统筹兼顾，全面安排，搞好综合平衡。各部门之间只有协调一致，才能最大限度地实现企业的整体目标。全面预算经过综合平衡后可以提供解决各层级各部门利益冲突的最佳办法，代表企业的最优方案，可以使各层级各部门的工作在此基础上协调地进行。因此，企业的各层级各部门只有统一目标、统一方向、统一步调，才能更好地完成企业的目标。

3. 控制经济活动

通过预算指标可以控制企业实际经济活动的过程，随时发现问题，采取必要的措施，纠正不良偏差，避免经营活动的漫无目的、随心所欲，通过有效的方式实现预期目标。因此，预算具有规划、控制、引导企业经济活动有序进行，以最经济有效的方式实现预定目标的功能。

4. 考核评价业绩

预算作为企业财务活动的行为标准，使各项活动的实际执行有章可循。预算标准可以作为各部门责任考核的依据。经过分解落实的预算规划目标能与部门、责任人的业绩考核结合起来，成为奖勤罚懒、评估优劣的准则。在实务中，把预算目标与实际执行的结果进行对比，可作为考核评价部门和经理人员业绩的依据，作为升迁加薪的依据。

三、财务预算

在企业的全面预算体系中，财务预算非常重要，对企业的预算执行具有指导标杆的作用。财务预算包括现金预算、预计利润表、预计资产负债表和预计现金流量表。

（一）现金预算

现金预算又称现金收支预算，是指反映企业在预算期内全部现金流入和现金流出，以及由此预计的现金收支所产生的结果的预算。现金预算以销售预算、生产预算、成本与费用预算、预计资本支出预算为基础编制，是财务预算的核心。现金预算的内容包括现金收入、现金支出、现金余缺及资金的筹集与运用四个部分。其中，现金收入包括初期现金余额、预算期销售现金收入；现金支出包括预算期内的各种现金支出；现金余缺是指预算期内现金收入和现金支出的差额；资金的筹集与运用反映预算期内向银行借款、还款、支付利息、短期投资、投资收回等内容。

（二）预计利润表

预计利润表，是指反映和控制企业在预算期内损益情况和盈利水平的预算。它是在汇总销售预算、各项成本费用预算、资本支出预算等资料的基础上编制的。

（三）预计资产负债表

预计资产负债表，是指反映企业预算期末财务状况的总括性预算。它是依据当前的实际资产负债表和全面预算中的其他预算所提供的资料编制而成的。

（四）预计现金流量表

预计现金流量表，是指反映企业一定期间内现金流入与现金流出情况的一种财务预算。它是从现金的流入和流出两个方面，揭示企业一定期间内经营活动、投资活动和筹资活动所产生的现金流量。

四、财务预算的编制方法

财务预算构成一个完整的管理体系，有其成熟的预算方法。常见的财务预算编制方法主要包括固定预算与弹性预算、增量预算与零基预算、定期预算与滚动预算。

（一）固定预算与弹性预算编制方法

1. 固定预算编制方法

固定预算又称静态预算，是指以企业在预算期内正常的、可实现的某一既定业务量水平为基础来编制的预算。固定预算一般适用于费用项目固定或者变化很小的预算项目和数额比较稳定的预算项目。

固定预算编制容易、工作量小,可以根据企业上期数据直接填列,节约了预算编制的工作量。但是,固定预算具有以下两个方面的缺陷:一是预算编制过于呆板,因为编制预算的业务量基础是事先假定的某个业务量。在这种方法下,不论预算期内业务量水平实际可能发生哪些变动,都只按事先确定的某一个业务量水平作为编制预算的基础。二是可比性差,当实际的业务量与编制预算所依据的业务量发生较大差异时,有关预算指标的实际数与预算数就会因业务量基础不同而失去可比性。

2. 弹性预算编制方法

弹性预算,是指在成本(费用)习性分类的基础上,根据量、本、利之间的依存关系,考虑到计划期间业务量可能发生的变动,编制出一套适应多种业务量的费用预算,以便分别反映在不同业务量的情况下所应支出的成本费用水平。

弹性预算是为了弥补固定预算的缺陷而产生的,它克服了固定预算业务量固定、费用项目固定的不足。编制弹性预算所依据的业务量可以是生产量、销售量、机器工时、材料消耗量和直接人工工时等。弹性预算具有预算范围宽、可比性强的优点。弹性预算一般适用于与预算执行单位业务量有关的成本(费用)、利润等预算项目。

弹性预算的编制,既可以采用公式法,也可以采用列表法。

(1)公式法

公式法是假设成本和业务量之间存在线性关系,成本总额、固定成本总额、业务量和单位变动成本之间的变动关系可以表示为:

$$Y=a+bx \tag{9-1}$$

其中,Y 表示成本总额,a 表示不随业务量变动而变动的那部分固定成本,b 表示单位变动成本,x 表示业务量,某项目成本总额 Y 是该项目固定成本总额和变动成本总额之和。这种方法要求按上述成本与业务量之间的线性假定,将企业各项成本总额分解为变动成本和固定成本两部分。

公式法的优点是:在一定范围内,预算可以随业务量的变动而变动,可比性和适应性强,编制预算的工作量相对较小;缺点是:按公式进行成本分解比较麻烦,对每个费用子项目甚至细目逐一进行成本分解,工作量很大。

(2)列表法

列表法是指通过列表的方式,将与各种业务量对应的预算数列示出来的一种弹性预算编制方法。

列表法的主要优点是:可以直接从表中查得各种业务量下的成本费用预算,不用再另行计算,因此直接、简便;缺点是:编制工作量较大,而且由于预算数不能随业务量变动而任意变动,弹性仍然不足。

（二）增量预算与零基预算编制方法

1. 增量预算编制方法

增量预算，是指以基期成本费用水平为基础，结合预算期业务量水平及有关降低成本的措施，通过调整有关费用项目而编制预算的方法。增量预算以过去的费用发生水平为基础，主张不需在预算内容上作较大的调整，它的编制遵循如下假定：

①企业现有业务活动是合理的，不需要进行调整；

②企业现有各项业务的开支水平是合理的，在预算期予以保持；

③以现有业务活动和各项活动的开支水平，确定预算期各项活动的预算数。

增量预算编制方法的缺陷是可能导致无效费用开支项目无法得到有效控制，因为不加以分析地保留或接受原有的成本费用项目，可能使原来不合理的费用继续开支而得不到控制，使不必要的开支合理化，造成预算上的浪费。

2. 零基预算编制方法

零基预算的全称为"以零为基础的编制计划和预算方法"，是指在编制预算费用时，不考虑以往会计期间所发生的费用项目或费用数额，而是一切以零为出发点，从实际需要逐项审议预算期内各项费用的内容及开支标准是否合理，在综合平衡的基础上编制预算费用的方法。

（1）零基预算的程序

①企业内部各级部门的员工，根据企业的生产经营目标，详细讨论计划期内应该发生的费用项目，并对每一费用项目编写一套方案，提出费用开支的目的以及需要开支的费用数额。

②划分不可避免费用项目和可避免费用项目。在编制预算时，对不可避免费用项目必须保证资金供应；对可避免费用项目，则需要逐项进行成本与效益分析，尽量控制将不可避免项目纳入预算当中。

③划分不可延缓费用项目和可延缓费用项目。在编制预算时，应根据预算期内可供支配的资金数额在各费用之间进行分配。应优先安排不可延缓费用项目的支出。然后，再根据需要，按照费用项目的轻重缓急确定可延缓项目的开支。

（2）零基预算的优点

①不受现有费用项目的限制；

②不受现行预算的束缚；

③能够调动各方面节约费用的积极性；

④有利于促使各基层单位精打细算，合理使用资金。

（三）定期预算与滚动预算编制方法

1. 定期预算编制方法

定期预算，是指在编制预算时，以不变的会计期间（如日历年度）作为预算期的一种编制预算的方法。这种方法的优点是能够使预算期间与会计期间相对应，便于将实际数与预算数进行对比，也有利于对预算执行情况进行分析和评价。但这种方法固定以 1 年为预算期，在执行一段时期之后，往往使管理人员只考虑剩下来的几个月的业务量，缺乏长远打算，导致一些短期行为的出现。

2. 滚动预算编制方法

滚动预算又称连续预算，是指在编制预算时，将预算期与会计期间脱离开，随着预算的执行不断地补充预算，逐期向后滚动，使预算期始终保持为一个固定长度（一般为 12 个月）的一种预算方法。

滚动预算的基本做法是使预算期始终保持 12 个月，每过 1 个月或 1 个季度，立即在期末增列 1 个月或 1 个季度的预算，逐期往后滚动，因而在任何一个时期都使预算保持为 12 个月的时间长度，故又叫连续预算或永续预算。这种预算能使企业各级管理人员对未来始终保持整整 12 个月时间的考虑和规划，从而保证企业的经营管理工作能够稳定而有序地进行。

五、预算的编制程序

企业预算的编制，涉及经营管理的各个部门，只有执行团队参与预算的编制，才能使预算成为他们自愿努力完成的目标，而不是外界强加给他们的枷锁。

企业预算的编制程序如下：

第一，企业决策机构根据长期规划，利用本量利分析等工具，提出企业一定时期的总目标，并下达规划指标；

第二，最基层成本控制人员自行草编预算，使预算能较为可靠、较为符合实际；

第三，各部门汇总部门预算，并初步协调本部门预算，编制出销售、生产、财务等预算；

第四，预算委员会审查、平衡各预算，汇总出公司的总预算；

第五，经过总经理批准，审议机构通过或者驳回修改预算；

第六，把主要预算指标报告给董事会或上级主管单位，讨论通过或者驳回修改；

第七，把批准后的预算下达给各部门执行。

第二节 财务预算的编制与控制

一、营业预算的编制

营业预算是企业日常营业活动的预算,企业的营业活动涉及供产销等各个环节及业务。营业预算包括销售预算、生产预算、材料采购预算、直接人工预算、制造费用预算、单位产品生产成本预算、销售及管理费用预算、专门决策预算等。

(一)销售预算

销售预算,是指在销售预测的基础上,根据企业年度目标利润确定的预计销售量、销售单价和销售收入等参数编制的,用于规划预算期销售活动的一种业务预算。在编制过程中,应根据年度内各季度市场预测的销售量和单价,确定预计销售收入,并根据各季现销收入与收回前期的应收账款反映现金收入额,以便为编制现金收支预算提供资料。根据销售预测确定的销售量和销售单价确定各期销售收入,并根据各期销售收入和企业信用政策,确定每期的销售现金流量,是销售预算的两个核心问题。

由于企业其他预算的编制都必须以销售预算为基础,因此,销售预算是编制全面预算的起点。

(二)生产预算

生产预算是为规划预算期生产数量而编制的一种业务预算,它是在销售预算的基础上编制的,并可以作为编制材料采购预算和生产成本预算的依据。编制生产预算的主要依据是预算期各种产品的预计销售量及存货期初期末资料,其计算公式为:

$$预计生产量=预计销售量+预计期末结存量-预计期初结存量 \qquad (9-2)$$

生产预算的要点是确定预算期的产品生产量和期末结存产品数量,前者为编制材料预算、人工预算、制造费用预算等提供基础,后者是编制期末存货预算和预计资产负债表的基础。

(三)材料采购预算

材料采购预算(直接材料预算)是为了规划预算期材料消耗情况及采购活动而编制的,用于反映预算期各种材料消耗量、采购量、材料消耗成本和材料采购成本等计划信息的一种业务预算。依据预计产品生产量和材料单位耗用量,确定生产需要耗用量,再根据材料的期初期末结存情况,确定材料采购量,最后根据采购材料的付款,确定现金支出情况。

$$某种材料耗用量=产品预计生产量 \times 单位产品定额耗用量 \qquad (9-3)$$

（四）直接人工预算

直接人工预算是一种既反映预算期内人工工时消耗水平，又规划人工成本开支的业务预算。这项预算是根据生产预算中的预计生产量以及单位产品所需的直接人工小时和单位小时工资率编制的。在通常情况下，企业往往要雇用不同工种的人工，必须按工种类别分别计算不同工种的直接人工小时总数；然后将算得的直接人工小时总数分别乘以各该工种的工资率，再予以合计，即可求得预计直接人工成本的总数。

有关数据具体计算公式为：

1. 预计产品生产直接人工总工时

$$某种产品直接人工总工时 = 单位产品定额工时 \times 该产品预计生产量 \qquad (9-4)$$

单位产品定额工时是由单位产品生产工艺和技术水平决定的，由产品技术和生产部门提供定额标准；产品预计生产量来自生产预算。

2. 预计直接人工总成本

$$某种产品直接人工总成本 = 单位工时工资率 \times 该种产品直接人工总工时 \qquad (9-5)$$

编制直接人工预算时，一般认为各预算期直接人工都是直接以现金发放的，因此不再特别列示直接人工的现金支出。另外，按照我国现行制度规定，在直接工资以外，还需要计提应付福利费，此时应在直接人工预算中根据直接工资总额进一步确定预算期的预计应付福利费，并估计应付福利费的现金支出。为方便计算，假定应付福利费包括在直接人工总额中并全部以现金支付。

由于工资一般都要全部支付现金，因此，直接人工预算表中预计直接人工成本总额就是现金预算中的直接人工工资支付额。

（五）制造费用预算

制造费用预算是反映生产成本中除直接材料、直接人工以外的一切不能直接计入产品制造成本的间接制造费用的预算。这些费用必须按成本习性划分为固定费用和变动费用，分别编制变动制造费用预算和固定制造费用预算。编制制造费用预算时，应以计划期的一定业务量为基础来规划各个费用项目的具体预算数字。另外，在制造费用预算表下还要附有预计现金支出表，以方便编制现金预算。

变动制造费用预算部分，应区分不同费用项目，每一项目根据单位变动制造费用分配率和业务量（一般是直接人工总工时或机器工时等）确定各项目的变动制造费用预算数。其计算公式为：

$$某项目变动制造费用分配率 = 该项目变动制造费用预算总额 \div 业务量预算总数 \times 100\% \qquad (9-6)$$

固定制造费用预算部分，也应区分不同费用项目，每一项目确定预算期的固定费用预算。在编制制造费用预算时，为方便现金预算编制，还需要确定预算期的制造费用预算的现金支出部分。为方便计算，一般将制造费用中扣除折旧费后的余额，作为预算期内的制造费用现金支出。

（六）单位产品生产成本预算

单位产品生产成本预算是反映预算期内各种产品生产成本水平的一种业务预算。单位产品生产成本预算是在生产预算、材料采购预算、直接人工预算和制造费用预算的基础上编制的，通常应反映各产品单位生产成本，其计算公式为：

$$单位产品生产成本 = 单位产品直接材料成本 + 单位产品直接人工成本 + 单位产品制造费用 \quad (9-7)$$

以单位产品生产成本预算为基础，还可以确定期末结存产品成本，其计算公式为：

$$期末结存产品成本 = 期初结存产品成本 + 本期产品生产成本 - 本期销售产品成本 \quad (9-8)$$

上式中的期初结存产品成本和本期销售产品成本，应该根据具体的存货计价方法确定。确定期末结存产品成本后，可以与预计直接材料期末结存成本一起，一并在期末存货预算中予以反映。

（七）销售及管理费用预算

销售及管理费用预算，是指以价值形式反映整个预算期内为销售产品和维持一般行政管理工作而发生的各项目费用支出预算。该预算与制造费用预算一样，需要划分固定费用和变动费用列示，其编制方法也与制造费用预算相同。

（八）专门决策预算

专门决策预算，又称资本支出预算，是指与项目投资决策相关的专门预算，它往往涉及长期建设项目的资金投放与筹集，并经常跨越多个年度。编制专门决策预算的依据，是项目财务可行性分析资料以及企业筹资决策资料。

二、财务预算的编制

财务预算是企业预算的核心内容，属于企业的综合性预算，包括现金预算、利润表预算和资产负债表预算。

（一）现金预算

现金预算，是指以业务预算和专门决策预算为依据编制的，专门反映预算期内预计现金收入与现金支出，以及为满足理想现金余额而进行现金投融资的预算。现金预算由期初现金余额、现金收入、现金支出、现金余缺、现金投放与筹措五部分组成，其计算公式为：

期初现金余额＋现金收入－现金支出＝现金余缺 (9-9)

财务管理部门应根据现金余缺与期末现金余额的比较，来确定预算期的现金投放或筹措。当现金余缺大于期末现金余额时，应将超过期末余额以上的多余现金进行投资；当现金余缺小于现金余额时，应筹措现金，直到现金总额达到要求的期末现金余额。期末现金余额的计算公式为：

期末现金余额＝现金余缺＋现金筹措（现金不足时）
期末现金余额＝现金余缺－现金投放（现金多余时） (9-10)

（二）利润表预算

预计利润表用来综合反映企业在计划期的预计经营成果，是企业最主要的财务预算表之一。编制预计利润表的依据是各业务预算、专门决策预算和现金预算。

（三）资产负债表预算

预计资产负债表用来反映企业在计划期末预计的财务状况。它的编制需以计划期开始日的资产负债表为基础，结合计划期间各项业务预算、专门决策预算、现金预算和预计利润表进行编制。它是编制全面预算的终点。

三、财务控制的概述

（一）财务控制的概念

财务控制，是指以企业财务决策、财务预算为依据，按照一定的程序和方法，确保企业的内部机构和人员全面落实和实现对企业资金的取得、投放、使用和分配过程的控制。

财务管理包括财务预测、财务决策、财务预算、财务控制、财务分析等各个环节，其中财务预测、财务决策、财务预算指明了财务管理的方向和目标，财务控制则是保证实现财务管理目标的关键。财务控制的目的是确保预期目标的实现，尽可能求得最佳的经济效益，它是落实财务计划目标并保证其实现的有效工具。

（二）财务控制的种类

1. 财务控制按内容分类

财务控制按内容可以分为一般控制和应用控制两类。

（1）一般控制

一般控制也称环境控制，是指对企业财务活动赖以进行的内部环境所实施的总体控制，包括组织结构控制、人员控制、财务预算、业绩评价体系、财务记录等内容的控制。这类控制具有间接性的特征，即通过对企业财务活动赖以进行的内部环境控制，间接地对企业财务控制质量等产生影响。

（2）应用控制

应用控制也称为业务控制，是指作用于企业财务活动的具体控制，包括业务处理程序中的批准与授权、审核与复核以及为保证资产安全而采取的限制措施等项控制。这类控制的特征在于它们具有直接防止和纠正财务收支错弊的作用。

2. 财务控制按功能分类

财务控制按照功能可以分为预防性控制、侦查性控制、纠正性控制、指导性控制和补偿性控制。

（1）预防性控制

预防性控制，是指为减少风险、错弊和非法行为发生或减少其发生机会而采取的一系列以防止为目的的控制活动。这类控制主要解决"如何事前就能够防止风险和错弊发生"的问题。

（2）侦查性控制

侦查性控制，是指为及时识别已经存在的风险以及已经发生的错弊和非法行为，或增强识别能力所进行的各项控制。这类控制主要解决"如何揭露已经发生的风险和错弊"的问题。

（3）纠正性控制

纠正性控制，是指对那些通过侦查性控制查出来的风险和错弊问题所进行的调整和纠正的控制活动。这类控制主要解决"如何纠正已经发生的风险和错弊"的问题。

（4）指导性控制

指导性控制，是为了实现有利结果而进行的控制。这类控制主要强调"如何达到并实现有利结果"的问题。

（5）补偿性控制

补偿性控制，是针对某些环节的不足或缺陷而采取的控制措施。这类控制主要强调"如何补偿存在不足或缺陷的环节"的问题。

3. 财务控制按时间先后分类

财务控制按时间先后可以分为事前控制、事中控制和事后控制三类。

（1）事前控制。事前控制也称原因控制，是指企业在财务收支活动尚未发生之前，为防止企业财务资源在质和量上发生偏差而实施的控制。

（2）事中控制。事中控制，是指在企业财务活动发生的过程中，对财务收支活动所进行的控制。

（3）事后控制。事后控制，是指对财务活动的结果所进行的分析、评价控制。

四、责任中心的概念

责任中心，是指企业为了能够进行有效的控制及内部协调，对承担一定经济责任并享有一定权利和利益的企业内部单位所划分的责任单位。建立责任中心是实行责任预算和责任会计的基础。

企业为了实行有效的内部协调与控制，通常都按照统一领导、分级管理的原则，在其内部合理划分责任单位，明确各责任单位应承担的经济责任、应有的权利，促使各个责任单位尽其责任协同配合实现企业预算总目标。

（一）责任中心的特征

责任中心具有以下几个方面的特征：

1. 责任中心是一个责、权、利相结合的实体

每一个责任中心都要对一定的财务指标承担完成的责任；同时，责任中心被赋予与其所承担责任的范围与大小相适应的权利，并规定出相应的业绩考核标准和利益分配标准。

2. 责任中心具有承担经济责任的条件

责任中心要有履行经济责任中各条款的行为能力；
责任中心要对其后果承担责任。

3. 责任中心所承担的责任和行使的权利都应是可控的

每个责任中心只能对其职责范围内的成本、收入、利润和投资负责，这些内容必须是该中心所能控制的内容，在责任预算和业绩考评中也只应包括他们能控制的项目。可控是相对于不可控而言的，一般来说，责任层次越高，其可控范围越大。

4. 责任中心具有相对独立的经营业务和财务收支活动

责任中心具有相对独立的经营业务和财务收支活动，是确定经济责任的客观对象，是责任中心得以存在的前提条件。没有独立的经营业务和财务收支活动，就不存在任何程度的责任，也就不存在责任中心了，因此，责任中心应当有独立的经营业务和财务收支活动。

5. 责任中心便于进行责任会计核算或单独核算

责任中心不仅要划清责任，而且要单独核算，划清责任是前提，单独核算是保证。只有划清责任又能进行单独核算的企业内部单位，才是真正意义上的责任中心。

（二）责任中心的类型

根据企业内部责任中心的权限范围及业务活动的特点不同，责任中心一般分为成本中心、利润中心和投资中心三大类。

1. 成本中心

成本中心，是指不形成收入（或不考核其收入）而只对成本或费用承担责任的责任单位，因而不对收入、利润或投资负责。成本中心一般包括企业的供应部门、产品生产部门和管理部门等。

在一个企业中，成本中心的应用范围最广。从一般意义上来看，企业内部凡有成本发生，需要对成本负责并能对成本实施控制的责任单位，都可以设置为成本中心。如从企业工厂到车间、班组都可以称为成本中心。成本中心由于其层次规模不同，其控制和考核的内容也不尽相同，但基本上是一个逐级控制并层层负责的成本中心体系。成本中心的类型分为技术性成本中心和酌量性成本中心。

（1）成本中心的特点

成本中心具有以下几个方面的特点：

①成本中心只考核成本费用而不考核收益；②成本中心只对可控成本承担责任；③成本中心只对责任成本进行考核和控制。

（2）成本中心的考核指标

成本中心的考核主要是将成本中心发生的实际责任成本同预算责任成本进行比较，从而判断成本中心业绩的好坏。成本中心的考核指标主要采用相对指标和比较指标，包括成本（费用）变动额和变动率两项指标，其计算公式为：

$$成本（费用）变动额 = 实际责任成本（费用） - 预算责任成本（费用） \quad (9-11)$$

$$成本（费用）变动率 = 成本（费用）变动额 \div 预算责任成本（费用） \times 100\% \quad (9-12)$$

在计算责任预算成本（费用）时，如果实际产量与预算产量不一致，应注意按弹性预算的方法先行调整预算指标，其计算公式为：

$$预算责任成本（费用） = 实际产量 \times 单位预算责任成本 \quad (9-13)$$

2. 利润中心

利润中心，是指拥有独立或相对独立的生产经营决策权和收入，既对成本负责又对收入和利润负责的责任中心。利润中心往往处于企业内部的较高层次，是比成本中心更高层次的经营管理责任单位，如分厂、分店、分公司，一般具有独立的收入来源或视为一个有独立收入的部门，一般还具有独立的经营权，它不仅要绝对地降低成本，而且要寻求收入的增长，并使之超过成本的增长。

（1）利润中心的类型

利润中心可以分为自然利润中心和人为利润中心两种。

①自然利润中心

自然利润中心，是指可以直接对外销售产品并取得收入的利润中心。这种利润中心直接面向市场，具有产品销售权、价格制定权、材料采购权和生产决策权。它是企业内部的一个部门，但其功能和独立企业类似，能够独立控制成本，取得收入。

②人为利润中心

人为利润中心，是指以内部结算为基础，只对内部责任单位提供产品或劳务而取得"内部销售收入"、实现"内部利润"的责任中心。这种利润中心一般不直接对外销售产品。工业企业中的大多数成本中心都可以转化为人为利润中心。人为利润中心与其他责任中心一起确定合理的内部转移价格，并为其他责任中心提供产品或劳务。

（2）利润中心的考核指标

利润中心是通过一定时期实际实现利润与责任预算所确定的利润的比较，来评价利润中心的业绩。但由于利润中心成本核算方式不同，因此在具体比较上也有所区别。

①只核算可控成本、不分担不可控成本的利润中心，其考核指标及计算公式为：

利润中心边际贡献总额＝该利润中心销售收入总额－

该利润中心可控成本总额（变动成本总额）　　（9-14）

边际贡献总额（降低）额＝实际边际贡献总额－预算边际贡献总额　　（9-15）

边际贡献总额变动率＝边际贡献总额增长（降低）额÷预算边际贡献总额×100%

（9-16）

如果可控成本中包含可控固定成本，就不完全等于变动成本总额。但一般来说，利润中心的可控成本是变动成本。

②当利润中心计算共同成本或不可控成本时，其考核指标及计算方式为：

利润中心边际贡献总额＝该利润中心销售收入总额－该利润中心变动成本总额（9-17）

利润中心负责人可控利润总额＝该利润中心边际贡献总额－该利润中心　（9-18）

利润中心可控利润总额＝该利润中心负责人可控利润总额－该利润中心负责人不可控固定成本

（9-19）

公司利润总额＝各利润中心可控利润总额之和－公司不可分摊的各种管理费用、财务费用等

（9-20）

为了考核利润中心负责人的经营业绩，应针对经理人员的可控成本费用进行评价和考核。这就需要将各利润中心的固定成本区分为可控成本和不可控成本。这主要考虑有些成本费用可以划归、分摊到有关利润中心，却不能为利润中心负责人所控制，如广告费、保险费等。在考核利润中心负责人业绩时，应将其不可控的固定成本从中剔除。

3. 投资中心

（1）投资中心概念

投资中心，是指既要对成本和利润负责，又要对投资效果负责的责任中心。由于投资的目的是获得利润，因而投资中心同时也是利润中心，但也有不同。投资中心是企业内部最高层次的责任中心，它在企业内部具有最大的决策权，也承担最大的责任。投资中心的管理特征是较高程度的分权管理。

由于投资中心独立性较高，它一般应向公司的总经理或董事会直接负责。对投资中心不应干预过多，应使其享有投资权和较为充分的经营权。投资中心在资产和权益方面应与其他责任中心划分清楚。

（2）投资中心的考核指标

投资中心主要考核能集中反映利润与投资额之间关系的指标，包括投资利润率和剩余收益。

①投资利润率

投资利润率又称投资收益率，是指投资中心所获得利润与投资额之间的比率，其计算公式为：

$$投资利润率＝利润÷投资额×100\% \quad (9\text{-}21)$$

用投资利润率来评价投资中心的业绩指标，能根据现有会计资料计算得到有关数据，比较客观，能综合反映投资中心的盈利能力；具有较强的可比性，可用于部门之间及不同行业之间的比较；有利于正确引导投资中心树立长远的经营目标和加强经营管理，促使管理者严格控制效益低的资产占用或投资活动。

②剩余收益

剩余收益，是指投资中心获得的实际利润与预算规定的预期利润的差额，其计算公式为：

$$剩余收益＝实际利润－预算规定的预期利润 \quad (9\text{-}22)$$
$$＝实际利润－投资额×预期最低投资利润率$$

用剩余收益来评价投资中心的业绩可以克服投资利润率的缺陷，它可以把业绩评价与企业的目标协调一致，只要投资利润率大于预期的最低投资利润率，该项目就是可行的。但该指标是绝对数指标，不便于不同部门之间的比较。

第三节　财务分析的知识与方法

一、财务分析的概念

财务分析，是指根据企业会计报表、附注以及相关资料，采用一系列专门的方法，分析和评价企业特定日期的财务状况、一定会计期间的经营成果以及未来发展趋势的一种经济管理活动。财务分析实际上是以一定的资料为依据分析企业的过去、现在并预测未来的过程。

（一）用于信用分析领域

最初的财务分析是银行家对企业进行的信用分析。银行为确保发放贷款的安全，通常要求企业提供会计报表以及相关资料，以便对企业预期偿还债务的能力进行分析。因此，信用分析主要用于分析企业的资产总量及分布情况、负债总量及分布情况和资产周转速度等，强劲的偿债能力应当以良好的财务状况和强大的获利能力为基础。

（二）用于投资分析领域

随着银行财务分析的不断深入，起初用于信用分析的目标开始拓展到投资分析领域。投资者在风险环境中谋求经济利益，为了确保投资安全、增加安全系数、提高投资收益率，投资者也参考银行的做法，利用银行对不同企业的资料进行投资分析，并作出是否投资的决策。因此，财务分析由信用分析阶段进入投资分析阶段，其主要任务也从稳定性分析过渡到收益性分析。其中，稳定性是指企业在一定会计期间内经营的稳定程度，获利能力的稳定性是主要的方面。获利能力强的企业，其稳定性就强，因此，随着对企业获利能力稳定性分析的深化，收益性分析也成为稳定性分析的重要组成部分。于是，财务分析慢慢朝着以收益性为中心的稳定性分析方向发展，逐步形成了目前企业财务分析的基本框架，广泛地应用到投资分析领域。

（三）用于内部管理分析领域

企业财务分析的初始阶段，一般用于外部分析，即企业外部利益相关者根据各自的要求进行分析。随着经济环境的变化，竞争日趋激烈，企业财务管理人员意识到了财务分析的重要性，开始由被动地接受分析逐步转变为主动地进行自我分析。财务管理人员慢慢地按照银行贷款的标准、投资者投资的分析标准进行有针对性的自我分析，以外部分析的标准进行内部的自我分析，找出差异和不足，并进行自我修正，从财务上实现突破，在激烈的竞争中占据先机，获得持续发展。尤其是在第二次世界大战以后，全球经济环境发生剧烈变动，企业为了在激烈的竞争中生存和发展，开始借助财务报表和相关资料进行目标管理、利润规划及前景预测等,企业财务分析开始由外部分析向内部分析拓展。

二、财务分析的作用

财务分析是以企业对外报送的财务报表为主要依据,并结合附注等相关资料对企业财务状况、经营成果等进行分析的活动,通过财务分析,可以反馈企业过去的财务状况、经营成果,现在的财务状况、经营成果,以及预测未来的财务状况、经营成果,为信息使用者提供决策依据。财务分析具有以下几个方面的作用:

(一)反馈过去的、现在的信息,预测未来的趋势

通过对不同时期的财务数据进行分析比较,反馈企业过去的偿债能力、营运能力、获利能力和综合能力,总结过去成功的经验,继续发扬、吸取过去失败的教训,及时改进;揭示现在的偿债能力、营运能力、获利能力和综合能力,找出差距、查明原因,采取必要的措施解决存在的问题;预测未来的偿债能力、营运能力、获利能力和综合能力,为企业并购扩张、资产重组等提供分析数据。

(二)为外部信息使用者决策提供依据

通过财务分析,可以为企业的外部信息使用者提供企业的资产负债率、流动比率、速动比率、存货周转率、应收账款周转率、流动资产周转率、总资产周转率、销售毛利率、资产报酬率、权益报酬率等指标数据,反映企业的偿债能力、营运能力、获利能力和综合能力。信息使用者根据对财务指标数据的比较分析,作出科学合理的决策。如投资者根据企业的获利能力指标数据作出是否投资或撤资的决策,债权人根据企业的偿债能力指标数据作出是否贷款的决策等。

(三)为内部信息使用者决策提供依据

通过财务分析,可以为企业的内部信息使用者提供企业的资产负债率、流动比率、速动比率、存货周转率、应收账款周转率、流动资产周转率、总资产周转率、销售毛利率、资产报酬率、权益报酬率等指标数据,为内部信息使用者把控企业的偿债能力、营运能力、获利能力和综合能力,不断挖掘企业改善财务状况、扩大财务成果的内部潜力,寻找不良资产区域及形成原因,发现进一步提高资产利用效率的可能性,以便从各方面揭露矛盾、找出差距、寻求措施,促进企业生产经营活动实现良性运行。

(四)为评价经营业绩提供依据

企业接受投资者和债权人的投资,就有责任按照其预定的发展目标和要求,合理利用资源,加强经营管理,提高经济效益,接受考核和评价。通过对比企业的偿债能力、营运能力、获利能力和综合能力,采用一系列专门的方法,判断企业的财务状况、业绩改善程

度、未来发展趋势以及行业竞争态势和行业地位，为投资者和债权人评价企业管理层受托责任的履行情况提供依据，为企业进行薪酬管理与激励决策提供重要的依据。

三、财务报表分析的内容

不同的信息使用者对企业的会计信息要求不同，对企业财务分析的角度也不同。会计信息使用者包括投资者、债权人、经营管理者、政府监管部门、供应商、顾客、员工和社会公众等。

（一）投资者的财务分析

投资者冒着风险投资到企业，稍有不慎，可能会导致投资失败，面临惨重的亏损。因此，投资者会高度关心其投资项目的获利水平和可持续性，即投资者对企业的投资报酬率尤其关注，投资者面临高风险，就会要求高报酬率。然而，投资者内部的关注点也不完全相同，非控股投资者比较关心企业提高股利的发放水平；拥有企业控制权的投资者考虑更多的是如何增强竞争实力，扩大市场占有率，降低财务风险，追求长期利益的持续稳定增长。

（二）债权人的财务分析

债权人把资金借给企业从而获得一定的利息，但是，债权人不能参与企业的管理和剩余利润分配，因此，债权人对其贷款的安全性首先予以关注。因此，债权人进行财务分析，最关心的是企业是否有足够的偿债能力。然而，债权人内部的关注点也不完全相同，短期债权人比较关心企业资产的流动性和现金充足程度，即关注企业的短期偿债能力；长期债权人考虑更多的则是企业整体的负债水平、盈利能力以及企业的发展前景，即关注企业的长期偿债能力。

（三）经营管理者的财务分析

企业经营管理者负责企业的日常管理工作，为了满足不同利益主体的需求，协调各个方面的利益关系，企业经营管理者必须全面掌控企业经营管理的各个方面，包括营运能力、偿债能力、盈利能力等，以便及时发现问题、解决问题，为经济效益的持续稳定增长奠定基础，完成受托责任的履行。

（四）政府监管部门的财务分析

政府监管部门履行对社会经济主体的监管和对国有企业的管理指导责任。对社会经济主体监管而言，主要监督企业有没有投机取巧行为、有没有违法违纪行为、有没有恶性竞争行为、有没有偷税漏税行为等，维护市场经济的秩序。对国有企业监管而言，在资本保全的前提下，采用一系列措施增加企业的竞争力和持续获利能力，为增加财政收入做贡献。因此，政府监管部门考核企业的经营状况，不仅需要熟悉企业资金占用的使用效率，预测财务收入的增长情况，有效地组织和调整社会资金资源的配置，还要借助财务分析手段，检查企业是否存在违法违纪、浪费国家财产的问题。

（五）供应商的财务分析

供应商是企业材料商品和劳务的供应方，与企业有密切的关系。供应商向企业赊销商品或劳务后成为企业的债权人，享有债权人权益。因此，供应商关注的是企业能否按期支付所购商品或劳务的价款，即供应商首先关注企业的短期偿债能力。

（六）顾客的财务分析

在市场分工高度细化的环境中，企业具有供应商、客户等多重身份。在很多情况下，企业会成为某些顾客的重要的商品或劳务供应商。顾客关注企业提供商品或劳务的质量、企业连续提供商品或劳务的能力等。因此，顾客关心企业的成长能力和长期发展前景。

（七）员工的财务分析

员工是企业知识和劳动力的提供者，企业是员工收入的依靠。企业的经济效益与员工的收入和稳定性有密切的联系，企业经济效益不好，员工可能会失去工作。员工通常希望与企业建立长期的雇佣关系，并关心工作岗位的稳定性、工作环境的安全性以及获取报酬的前景等。因此，员工关注企业的获利能力和偿债能力。

（八）社会公众的财务分析

社会公众是群体数量庞大的人群，一般和企业没有直接的利害关系。社会公众对特定企业的关注是多方面的，主要包括关注企业的就业政策、环境政策、产品政策以及社会责任履行情况等。因此，社会公众关注企业的获利能力。

尽管不同利益主体进行财务报表分析有着各自的侧重点，但是，信息使用者所要求的信息大部分都是面向未来的，都是为取得预期的利益或实现预期目标而存在的。对企业而言，财务分析可以分为偿债能力分析、营运能力分析、获利能力分析、发展能力分析和综合能力分析五个方面，它们是密切联系、相辅相成的，共同构成企业财务分析的基本内容。

四、财务分析方法

财务分析是以财务报表、附注和相关资料为依据进行的分析活动，财务报表、附注和相关资料是财务分析的基础。然而，光有数据和资料是远远不够的，科学合理的分析方法有助于揭示企业特定日期的财务状况、一定期间的经营成果和现金流量及其变化规律。常用的财务分析方法有比较分析法、比率分析法和因素分析法。

（一）比较分析法

比较分析法，是指通过对比企业两期或连续数期财务报告中的相同指标，确定其增减变动的方向、数额和幅度，说明企业财务状况或经营成果变动趋势的一种方法。比较分析法实质上是比较财务报告中两期或连续多期的财务指标，具有相互可比性，可以揭示财务指标变化的主要原因、变动的性质，预测企业未来一段时间内的发展趋势。

比较分析法的具体运用主要有重要财务指标的比较、会计报表的比较和会计报表项目构成的比较三种方式。

1. 重要财务指标的比较

重要财务指标的比较，是指将不同时期财务报告中的相同指标或比率进行纵向比较，直接观察其增减变动情况及变化幅度，考察其发展趋势，预测其发展前景。对不同时期财务指标的比较主要有以下两种方法：

（1）定基动态比率

定基动态比率，是指以企业某一时期的数据作为固定的基期数据而计算出来的动态比率。其计算公式为：

$$定基动态比率 = 分析期数据 \div 固定基期数据 \times 100\% \quad (9-23)$$

（2）环比动态比率

环比动态比率，是指以企业每一分析期的数据与上期数据相比较计算出来的动态比率。其计算公式为：

$$环比动态比率 = 分析期数据 \div 前期数据 \times 100\% \quad (9-24)$$

2. 会计报表的比较

会计报表的比较，是指将连续数期的会计报表的数据并列起来，比较各指标不同期间的增减变动金额和幅度，据以判断企业财务状况和经营成果发展变化的一种方法。具体包括资产负债表比较、利润表比较和现金流量表比较等。

3. 会计报表项目构成的比较

会计报表项目构成的比较，是指以企业财务报表中的某个指标作为100%，再计算出该总体指标的各个组成部分所占的百分比，从而比较各个组成部分百分比的增减变动情况，找出有关财务活动的变化趋势。

采用比较分析法时，应当注意以下三个问题：

①企业用于对比的各个时期的指标，其计算口径必须保持一致，形成纵向可比性。

②应剔除偶发性项目的影响，使财务分析所利用的数据能反映企业正常的生产经营状况。

③应当运用例外原则对某项有显著变动的指标作重点分析，研究其产生的原因，以便采取对策，趋利避害。

（二）比率分析法

比率分析法，是指通过将同一时期财务报表上若干重要项目的相关数据进行比较，计算各种比率指标，并确定财务活动变动程度的方法。比率指标的类型主要有构成比率、效率比率和相关比率三类。

1. 构成比率

构成比率又称结构比率，是指企业某项财务指标的各组成部分数值占总体数值的百分比，反映部分与总体的关系。利用构成比率，可以考察总体中某个部分的形成和安排是否合理，以便协调各项财务活动。其计算公式为：

$$构成比率＝某个组成部分数值÷总体数值×100\% \qquad (9-25)$$

比如，企业资产中流动资产、固定资产和无形资产占资产总额的百分比（资产构成比率），企业负债中流动负债和长期负债占负债总额的百分比（负债构成比率）等。

2. 效率比率

效率比率，是指企业某项财务活动中所费与所得的比率，反映投入与产出的关系。利用效率比率指标，可以进行得失比较，考察经营成果，评价经济效益。如将利润项目除以销售成本计算出成本利润率，利润项目除以销售收入计算出销售利润率等。

3. 相关比率

相关比率，是指以企业某个项目和与其有关但又不同的项目加以对比所得的比率，反映有关经济活动的相互关系。如将流动资产除以流动负债计算出流动比率，可以判断企业的短期偿债能力；将负债总额除以资产总额计算出资产负债率，可以判断企业的长期偿债能力。采用比率分析法时，应当注意对比项目的相关性、对比口径的一致性、衡量标准的科学性。

（三）因素分析法

因素分析法，是指依据财务分析指标与其影响因素的关系，从数量上确定各因素对分析指标影响的一种方法。因素分析法包括连环替代法和差额分析法。

1. 连环替代法

连环替代法，是指将财务分析指标分解为各个可以计量的因素，并根据各个因素之间的依存关系，顺次用各因素的比较值替代基准值，据以计算出各因素对分析指标的影响。

2. 差额分析法

差额分析法，是指利用各个因素的比较值与基准值之间的差额，来计算各因素对分析指标的影响。差额分析法是连环替代法的一种简化形式。

3. 采用因素分析法时，必须注意的问题

（1）因素分解的关联性

构成经济指标的因素，必须是客观上存在着因果关系的因素，要能够反映形成该项指标差异的内在构成原因，否则就失去了应用价值。因此，采用因素分析法的因素选择具有严密的关联关系。

（2）因素替代的顺序性

确定替代因素时，必须根据各因素的依存关系，遵循一定的顺序并依次替代，不可随意加以颠倒，否则就会得出不同的计算结果。因此，采用因素分析法的因素替代有严格的先后顺序。

（3）顺序替代的连环性

因素分析法在计算每一因素变动的影响时，都是在前一次计算的基础上进行的，并采用连环比较的方法确定因素变化影响的结果。因此，采用因素分析法的顺序替代有严密的逻辑关系，形成一个循环系统。

（4）计算结果的假定性

由于因素分析法计算的各因素变动的影响数，会因替代顺序不同而有差别，因而计算结果不免带有假定性，即它不可能使每个因素计算的结果都达到绝对的准确。为此，分析时应力求使这种假定合乎逻辑，具有实际经济意义。这样，计算结果的假定性才不至于妨碍分析的有效性。

第四节　财务比率与综合分析

一、偿债能力分析

偿债能力分析，是指对企业偿还到期债务（包括本金和利息）的能力进行分析，包括短期偿债能力分析和长期偿债能力分析。

（一）短期偿债能力分析

短期偿债能力，是指企业用流动资产作为及时足额偿还流动负债的保证程度，是衡量企业当期财务能力的重要标志。

短期偿债能力分析,是指对企业偿还短期到期债务(包括本金和利息)的能力进行分析,其主要指标有流动比率、速动比率和现金比率。这些比率越高,表明企业的短期偿债能力越强。

1. 流动比率

流动比率,是指企业用流动资产除以流动负债计算得到的比率。流动比率表明企业承担的每一元流动负债背后有多少流动资产作为偿还保障,反映企业用流动资产偿还到期流动负债的能力。其计算公式为:

$$流动比率 = 流动资产 \div 流动负债 \times 100\% \tag{9-26}$$

企业的流动比率越高,短期偿债能力越强;但是,流动比率越高,不等于企业有足够的现金或存款用来及时足额地偿债,国际上通常认为,企业流动比率的下限为100%,没有统一的上限标准,流动比率等于200%时较为适当。

债权人希望企业的流动比率越高越好,这样债权就会得到偿还的保障;经营管理者不希望企业的流动比率过高,过高的流动比率占用大量的流动资产,机会成本随之增加,导致企业的获利能力下降。

2. 速动比率

速动比率,是指企业用速动资产除以流动负债计算的比率。速动比率的计算剔除了流动资产中变现能力较差的存货等项目,提高了用于保障到期债务的偿还能力。所谓速动资产,是指流动资产减去变现能力较差且不稳定的存货等之后的余额。其计算公式为:

$$速动比率 = 速动资产 \div 流动负债 \times 100\% \tag{9-27}$$

其中,

$$速动资产 = 货币资金 + 交易性金融资产 + 应收账款 + 应收票据$$
$$= 流动资产 - 存货 - 预付账款 - 一年内到期的非流动资产 - 其他流动资产 \tag{9-28}$$

注意:企业流动资产有应收利息、应收股利和其他应收款项目,可视情况归入速动资产项目。

速动比率越高,说明企业偿还到期流动负债的能力越强。国际上通常认为,速动比率等于100%时较为适当,当企业的速动比率小于100%时,企业面临很大的偿债风险;如果速动比率大于100%,企业偿还流动负债的保障度很高,但是企业会占用大量现金及应收账款,导致企业的机会成本增加,降低了企业的获利能力。

(二)长期偿债能力分析

长期偿债能力,是指企业偿还长期负债的能力。长期偿债能力表明企业长期经营的能力,是衡量企业长期经营实力的重要标准。

长期偿债能力分析，是指对企业偿还长期负债的能力进行分析，企业长期偿债能力的衡量指标主要有资产负债率和产权比率。

1. 资产负债率

资产负债率又称负债比率，是指企业负债总额除以资产总额计算的比率。资产负债率表明企业资产总额中，债权人提供资金所占的比重，以及企业资产对债权人权益的保障程度。其计算公式为：

$$资产负债率 = 负债总额 \div 资产总额 \times 100\% \qquad (9-29)$$

企业的资产负债率越低，债权人权益在企业总资产中所占的份额越小，表明企业的长期偿债能力越强；资产负债率越高，债权人权益在企业总资产中所占的份额越大，表明企业的长期偿债能力越弱。

国际上通常认为资产负债率等于60%时较为适当，保守的观点认为资产负债率不应高于50%，激进的观点认为资产负债率低于90%都是可行的。在实务中，资产负债率的高低和企业经营的环境、管理模式、筹资能力、获利能力等都有很大的关系。资产负债率的高低应当根据企业自身的情况综合考虑。

债权人希望企业的资产负债率越低越好，这样债权就会得到偿还的保障；企业所有者希望资产负债率较高比较好，这样可以充分利用财务杠杆，获得更大的经济利益；企业的经营管理者希望资产负债率控制在适当的范围内，既能获得财务杠杆效益，又能保障债权人的权益。

2. 产权比率

产权比率，是指企业负债总额除以所有者权益总额计算的比率，是企业财务结构稳健与否的重要标志。产权比率反映企业所有者权益对债权人权益的保障程度。其计算公式为：

$$产权比率 = 负债总额 \div 所有者权益总额 \times 100\% \qquad (9-30)$$

企业产权比率越低，企业的长期偿债能力越强，债权人权益的保障程度越高。在实务中，产权比率过低，企业不能充分利用财务杠杆，导致收益下降；产权比率过高，企业可以充分利用财务杠杆，但是风险加大。所以，企业在评价产权比率适度与否时，应从获利能力与增强偿债能力两个方面综合考虑，既能保障债务偿还安全，又可以利用财务杠杆。

二、营运能力财务指标分析

营运能力，是指企业利用所掌控的资源开展经营运行的能力。反映企业营运能力的指标主要包括应收账款周转率、存货周转率、流动资产周转率、总资产周转率和资本保值增值率。

（一）应收账款周转率

应收账款周转率，是指在一定期间内，企业一定数额的应收账款循环周转的次数或循环一次所需要的天数。应收账款周转率是衡量应收账款变现速度的一个重要指标。其计算公式为：

$$应收账款周转次数 = 赊销净额 \div 应收账款平均余额 \quad (9-31)$$

$$应收账款周转天数 = 日历天数 \div 应收账款周转次数 \quad (9-32)$$

$$= 应收账款平均余额 \div 平均每日赊销额$$

$$应收账款平均余额 = （应收账款年初余额 + 应收账款年末余额） \div 2 \quad (9-33)$$

应收账款周转率是衡量应收账款周转变现能力的重要财务指标，应收账款周转次数越多或周转天数越短，表明企业收账速度越快，坏账发生的概率越小。在实务中，企业应收账款周转次数较少，实际收回账款的天数超过了企业规定的天数，说明债务人拖欠时间长、资信度低，企业信用调查和催收账款不力，有可能发生坏账。

（二）存货周转率

存货周转率，是指在一定时期内，企业一定数量的存货所占资金循环周转次数或循环一次所需要的天数。存货周转率反映的是存货资金与它周转所完成的销货成本之间的比率，这是一组衡量企业销售能力强弱和存货是否过剩的重要指标，是分析企业流动资产效率的依据之一。其计算公式为：

$$存货周转次数 = 销货成本 \div 存货平均余额 \quad (9-34)$$

$$存货周转天数 = 日历天数 \div 存货周转次数 \quad (9-35)$$

$$= 存货平均余额 \div 平均每日销货成本$$

$$存货平均余额 = （存货年初余额 + 存货年末余额） \div 2 \quad (9-36)$$

存货周转的速度越快，存货周转次数越多，周转天数越短，表明企业的销售效率越高，库存积压越少；反之，存货周转率低，表明企业的管理不善，经营情况欠佳。

（三）流动资产周转率

流动资产周转率，是指在一定期间内，企业一定数量的流动资产所占用资金的周转次数或完成一次周转所需要的天数。流动资产周转率反映的是企业全部流动资产价值（即全部流动资金）的周转速度，其计算公式为：

$$流动资产周转次数 = 流动资产周转额 \div 流动资产平均占用额 \quad (9-37)$$

注意：在上式中，企业流动资产周转额一般按产品的销售收入计算。

$$流动资产周转天数 = 日历天数 \div 流动资产周转率 \quad (9-38)$$

$$= 流动资产平均占用额 \div 平均每日周转额$$

由上述公式可知,流动资产周转的速度越快,流动资产周转次数越多,周转天数越短,表明流动资产利率越高。在实务中,对流动资产周转速度进行分析,应当结合存货、应收账款周转率进行分析,当流动资产周转速度出现缓慢时,其根源在于存货占用资金过大、信用政策过严;这时,要加快流动资产周转速度,企业必须调整其信用政策,加强存货管理。

(四)总资产周转率

总资产周转率,是指在一定期间内,企业全部资产所占资金的周转次数或循环一次所需要的天数。总资产周转率反映企业全部资产与它周转所完成的销售收入的比例关系。其计算公式为:

$$总资产周转次数 = 产品销售收入 \div 资产平均总额 \qquad (9\text{-}39)$$
$$总资产周转天数 = 日历天数 \div 总资产周转次数 \qquad (9\text{-}40)$$
$$= 总资产平均占用额 \div 平均每日销售净收入$$

注意:上述公式中产品销售收入来自利润表,资产平均余额来自资产负债表年初数和年末数的平均数。总资产周转率是从周转率的角度评价企业全部资产的使用效率。在实务中,总资产周转次数越多,或总资产周转天数越短,表明企业全部资产的周转速度越快,企业的营运能力越强;反之,总资产周转次数越少,或总资产周转天数越长,表明企业全部资产的周转速度越慢,企业利用其资产进行经营的效率越差,会影响企业的获利能力。

(五)资本保值增值率

资本保值增值率,是指企业本年末所有者权益扣除客观增减因素后除以年初所有者权益计算的比值,是衡量投资者投入企业的资本完整性和安全性的指标,其计算公式为:

$$资本保值增值率 = 期末所有者权益总额 \div 期初所有者权益总额 \qquad (9\text{-}41)$$

由上述公式可知,企业资本保值增值率小于1,为资本不保值;资本保值增值率等于1,为资本保值;资本保值增值率大于1,为资金增值。

三、获利能力财务指标分析

获利能力,是指在一定时期内,企业获取利润的能力。获利能力指标主要包括营业利润率、成本费用利润率、盈余现金保障倍数、总资产报酬率、净资产收益率和资本收益率六项。在实务中,上市公司经常采用每股收益、每股股利、市盈率、每股净资产等指标评价其获利能力。

(一)营业利润率

营业利润率,是指企业在一定时期内,营业利润除以营业收入计算的比率。其计算公式为:

$$营业利润率＝营业利润÷营业收入×100\% \tag{9-42}$$

在一定时期内,营业利润率越高,表明企业获利能力越强,在市场上的竞争力越强,发展潜力越大;反之,营业利润率越低,表明企业获利能力越弱,在市场上的竞争力越弱,发展潜力越小。

在实务中,也经常使用销售毛利率、销售净利率等指标来分析企业经营业务的获利水平。其计算公式为:

$$销售毛利率＝(销售收入－销售成本)÷销售收入×100\% \tag{9-43}$$

$$销售净利率＝净利润÷销售收入×100\% \tag{9-44}$$

(二)成本费用利润率

成本费用利润率,是指在一定时期内,企业利润总额除以成本费用总额计算的比率。其计算公式为:

$$成本费用利润率＝利润总额÷成本费用总额×100\% \tag{9-45}$$

其中,

$$成本费用总额＝营业成本＋营业税金及附加＋销售费用＋管理费用＋财务费用 \tag{9-46}$$

由上述公式可知,在一定时期内,企业的成本费用利润率越高,表明企业为取得一定数额的利润而付出的成本费用越小,成本费用控制得越好,获利能力越强;反之,企业的成本费用利润率越低,表明企业为取得一定数额的利润而付出的成本费用越大,成本费用控制得越不好,获利能力越弱。

(三)盈余现金保障倍数

盈余现金保障倍数,是指在一定时期内,企业经营现金净流量除以净利润计算的比值,反映了企业当期净利润中现金收益的保障程度。其计算公式为:

$$盈余现金保障倍数＝经营现金净流量÷净利润 \tag{9-47}$$

由上述公式可知,当企业当期净利润大于 0 时,盈余现金保障倍数应当大于 1,该指标越大,表明企业经营活动产生的净利润对现金的贡献越大。

(四)总资产报酬率

总资产报酬率,是指在一定时期内,企业获得的报酬总额除以平均资产总额计算的比率,反映了企业资产的综合利用效益。其计算公式为:

$$总资产报酬率＝息税前利润总额÷平均资产总额×100\% \tag{9-48}$$

由此公式可知,在一定时期内,企业的总资产报酬率越高,表明企业的资产利用效益越好,整个企业获利能力越强;反之,企业的总资产报酬率越低,表明企业的资产利用效益越差,整个企业获利能力越弱。

(五) 净资产收益率

净资产收益率,是指在一定时期内,企业净利润除以平均净资产计算的比率,反映了企业自有资金的投资收益水平。其计算公式为:

$$净资产收益率 = 净利润 \div 平均净资产 \times 100\% \quad (9-49)$$

其中,

$$平均净资产 = (所有者权益年初数 + 所有者权益年末数) \div 2 \quad (9-50)$$

由此公式可知,在一定时期内,企业净资产收益率越高,表明企业自有资本获取利润的能力越强,运营效果越好,对企业投资者、债权人利益的保障程度越高;反之,企业净资产收益率越低,表明企业自有资本获取利润的能力越弱,运营效果越差,对企业投资者、债权人利益的保障程度越低。

(六) 资本收益率

资本收益率,是指在一定时期内,企业净利润除以平均资本计算的比率,反映了企业实际获得投资回报的水平。其计算公式为:

$$资本收益率 = 净利润 \div 平均资本 \times 100\% \quad (9-51)$$

其中,

$$平均资本 = (实收资本年初数 + 资本公积金年初数 + 实收资本年末数$$
$$+ 资本公积金年末数) \div 2 \quad (9-52)$$

由上述公式可知,在一定时期内,企业资本收益率越高,表明企业自有资本获取利润的能力越强,运营效果越好,对企业投资者、债权人利益的保障程度越高;反之,企业资本收益率越低,表明企业自有资本获取利润的能力越弱,运营效果越差,对企业投资者、债权人利益的保障程度越低。

(七) 每股收益

每股收益,是指用来反映企业普通股股东持有每一股份所获得的利润或承担的亏损的财务分析指标。每股收益包括基本每股收益和稀释每股收益。

基本每股收益的计算公式为:

$$基本每股收益 = 归属于普通股东的当期净利润 \div 当期发行在外普通股的加权平均数$$
$$(9-53)$$

其中,

当期发行在外普通股的加权平均数 = 期初发行在外普通股股数 + 当期新发行普通股股数 ×

已发行时间÷报告期时间－当期回购普通股股数×已

回购时间÷报告期时间 (9-54)

已发行时间、报告期时间和已回购时间一般按天数计算，在不影响计算结果的前提下，也可以按月份简化计算。

稀释每股收益是在考虑潜在普通股稀释性影响的基础上（如可转换公式债券），对基本每股收益的分子、分母进行调整后再计算的每股收益。

企业的每股收益越高，表明企业的获利能力越强；反之，企业的每股收益越低，表明企业的获利能力越弱。

（八）每股股利

每股股利，是指上市公司本年发放的普通股现金股利总额除以年末普通股总数的比值，反映了上市公司当期利润的积累和分配情况。其计算公式为：

每股股利＝普通股现金股利总额÷年末普通股总数 (9-55)

四、财务综合分析的概述

（一）财务综合分析的概念

财务综合分析，是指将企业营运能力、偿债能力和获利能力等方面的分析纳入一个有机的分析系统之中，全面地对企业的财务状况、经营状况进行解剖和分析，从而对企业经济效益作出较为准确的分析和判断。

企业财务分析的最终目的在于全面、准确、客观地揭示和披露特定日期的财务状况和一定会计期间的经营成果，并借以对企业经济效益优劣作出合理的评价。要达到全面系统分析的目标，仅仅依靠几个孤立的财务比率分析，或者将一些孤立的财务比率分析指标简单地罗列和混合在一起，是实现不了的，甚至会出现错误的判断。因此，只有将企业偿债能力、营运能力、获利能力等各项分析指标有机地联系起来并组成一套完整的分析体系，作出系统的综合分析和判断，才能准确把握企业的财务状况和经营成果。

（二）财务综合分析的意义

财务综合分析能够全面、正确地分析和判断企业整体的财务状况和经营成果，因为局部不能替代整体，某项指标的好坏不能说明整个企业经济效益的高低；综合分析的结果在企业不同时期比较分析和不同企业之间比较分析时消除了时间上和空间上的差异，分析结果更具有可比性，有利于总结经验、吸取教训、提高经营管理水平，从整体上、本质上反映和把握企业生产经营的财务状况和经营成果。

五、财务综合分析的方法

财务综合分析方法主要有杜邦分析法和沃尔评分法。

（一）杜邦分析法

杜邦分析法，是指利用企业各项主要财务比率指标之间的内在联系，对企业财务状况及经济效益进行综合系统的分析和判断的方法。杜邦分析法是以净资产收益率为起点，以总资产净利率和权益乘数为核心，重点揭示企业获利能力及权益乘数对净资产收益率的影响，以及各项相关指标之间相互影响的作用关系。

杜邦分析法最显著的特点是将若干个用以评价企业经营效率和财务状况的比率按其内在联系有机地结合起来，形成一个完整的财务分析指标体系，并最终通过净资产收益率来综合反映。采用这一方法，可使财务比率分析的层次更清晰、条理更突出，为信息使用者全面仔细地了解企业的经营状况和获利状况提供方便。杜邦分析法有助于企业管理层更加清晰地看到权益资本收益率的决定因素，以及销售净利率与总资产周转率、债务比率之间的相互关联关系，给管理层提供一张明晰的考察企业资产管理效率的结构图。杜邦分析法的计算公式为：

$$净资产收益率＝销售净利率×总资产周转率×权益乘数 \quad (9-56)$$

其中，

$$销售净利率＝净利润÷销售收入 \quad (9-57)$$

$$总资产周转率＝销售收入÷资产总额 \quad (9-58)$$

$$权益乘数＝资产÷权益＝1÷（1－资产负债率） \quad (9-59)$$

运用杜邦分析法应当把握以下四个关键指标：

1. 净资产收益率

净资产收益率是一个综合性最强的财务分析指标，是杜邦分析体系的起点。财务管理的目标最终是为了实现权衡相关者利益条件下的股东财富最大化，净资产收益率反映了企业所有者投入资本的获利能力，表明了企业经营活动取得的成绩，不断提高净资产收益率可以不断扩大所有者的财富。

2. 销售净利率

销售净利率反映了企业净利润与销售收入的关系，它的高低取决于销售收入与成本总额的高低。提高销售净利率有两个途径：一是扩大销售收入额度，二是降低成本费用总额。扩大销售收入既有利于提高销售净利率，又有利于提高总资产周转率。降低成本费用总额是提高销售净利率的一个重要因素，从杜邦分析图可以看出成本费用的基本结构是否合理，从而找出降低成本费用的途径和加强成本费用控制的办法。

3. 总资产周转率

总资产周转率的一个重要影响因素就是资产总额。在其他条件不变的情况下，资产总额越大，总资产周转率越低；资产总额越小，总资产周转率越高。资产总额由流动资产和非流动资产构成。

4. 权益乘数

权益乘数主要受资产负债率指标的影响。资产负债率越高，权益乘数就越高，说明企业的负债程度比较高，给企业带来了较多的杠杆利益，同时，也带来了较大的风险。

（二）沃尔评分法

沃尔评分法，是指将选定的企业财务比率用线性关系结合起来，并分别给定各自的分数比重，然后与标准比率进行比较，确定各项指标的得分及总体指标的累计分数，从而对企业的信用水平作出分析和判断的方法。

1. 沃尔评分法的基本步骤

（1）选择评价指标并分配指标权重。选择评价的指标包括获利能力、偿债能力、发展能力。其中，获利能力的指标包括资产净利率、销售净利率、净资产收益率；偿债能力的指标包括自有资本比率、流动比率、应收账款周转率、存货周转率；发展能力的指标包括销售增长率、净利增长率、资产增长率。

（2）按重要程度确定各项比率指标的评分值，评分值之和为100。其中，三类指标的评分值约为5：3：2；获利能力指标三者的比例约为2：2：1；偿债能力指标和发展能力指标中各项具体指标的重要性大体相当。

（3）确定各项比率指标的标准值，即各指标在企业现时条件下的最优值。

（4）计算企业在一定时期各项比率指标的实际值。

$$资产净利率 = 净利润 \div 资产总额 \times 100\% \qquad (9\text{-}60)$$

$$销售净利率 = 净利润 \div 销售收入 \times 100\% \qquad (9\text{-}61)$$

$$净资产收益率 = 净利润 \div 净资产 \times 100\% \qquad (9\text{-}62)$$

$$自有资本比率 = 净资产 \div 资产总额 \times 100\% \qquad (9\text{-}63)$$

$$流动比率 = 流动资产 \div 流动负债 \times 100\% \qquad (9\text{-}64)$$

$$应收账款周转率 = 赊销净额 \div 平均应收账款余额 \qquad (9\text{-}65)$$

$$存货周转率 = 产品销售成本 \div 平均存货成本 \times 100\% \qquad (9\text{-}66)$$

$$销售增长率 = 销售增长额 \div 基期销售额 \times 100\% \qquad (9\text{-}67)$$

净利增长率＝净利增加额÷基期净利×100%　　　　（9-68）

资产增长率＝资产增加额÷基期资产总额×100%　　（9-69）

（5）作出综合分析评价。根据以上计算结果的得分，评价企业的财务状况，当得分接近100分时，表明企业的财务状况良好，和衡量标准相近。

2. 沃尔评分法的积极意义及局限性

由于沃尔评分法将彼此孤立的偿债能力和营运能力指标进行了综合，作出了较为系统的评价，因此，对评价企业财务状况具有一定的积极意义。但是由于现代企业与沃尔时代的企业相比，已发生了根本的变化，无论是指标体系的构成内容，还是指标的计算方法和评分标准，都有必要进行改进和完善。沃尔评分法最主要的贡献就是它将互不关联的财务指标按照权重予以综合联动，使得综合评价成为可能。

参考文献

[1] 马勇，肖超栏．财务管理 [M]．北京：北京理工大学出版社，2021．

[2] 邹娅玲，肖梅崚．财务管理 [M]．重庆：重庆大学出版社，2021．

[3] 叶怡雄．企业财务管理创新实践 [M]．北京：九州出版社，2021．

[4] 张玮．现代建筑企业财务管理 [M]．长春：吉林人民出版社，2021．

[5] 韩军喜，吴复晓，赫丛喜．智能化财务管理与经济发展 [M]．长春：吉林人民出版社，2021．

[6] 胡椰青，田亚会，马悦．企业财务管理能力培养与集团财务管控研究 [M]．长春：吉林文史出版社，2021．

[7] 宋大龙．新形势下高校财务管理与审计监督 [M]．长春：吉林人民出版社，2021．

[8] 刘庆华．500 强财务高管的管理实践 [M]．北京：中国铁道出版社，2021．

[9] 叶陈刚，郑建明，张健．财务管理 [M]．北京：经济科学出版社，2021．

[10] 周顾宇，蒋崴．财务管理 [M]．北京：清华大学出版社，2021．

[11] 刘阳．高级财务管理 [M]．北京：北京理工大学出版社，2021．

[12] 刘福同，邹建军，洪康隆．财务管理与风险控制 [M]．北京：中国商业出版社，2021．

[13] 李晓林，李莎莎，梁盈．财务管理实务 [M]．武汉：华中科学技术大学出版社，2021．

[14] 鲍新中，徐鲲．财务管理案例教程 [M]．北京：清华大学出版社，2021．

[15] 张玉飞．工程经济与财务管理 [M]．北京：中国石化出版社，2021．

[16] 漆凡．财务管理 [M]．上海：立信会计出版社，2020．

[17] 蔡维灿．财务管理 [M]．北京：北京理工大学出版社，2020．

[18] 费琳琪，郭红秋．财务管理实务 [M]．北京：北京理工大学出版社，2020．

[19] 桂玉娟，刘玉凤．财务管理实训教程 [M]．上海：上海财经大学出版社，2020．

[20] 陈德智，毕雅丽，云娇．金融经济与财务管理 [M]．长春：吉林人民出版社，

2020.

[21] 张蕾, 马鑫, 陈慧. 财务管理 [M]. 成都: 电子科技大学出版社, 2019.

[22] 王力东, 李晓敏. 财务管理 [M]. 北京: 北京理工大学出版社, 2019.

[23] 王培, 郑楠, 黄卓. 财务管理 [M]. 西安: 西安电子科技大学出版社, 2019.

[24] 王玉娟, 阚春燕. 财务管理实务 [M]. 上海: 立信会计出版社, 2019.

[25] 邓春贵, 刘洋洋, 李德祥. 财务管理与审计核算 [M]. 北京: 经济日报出版社, 2019.

[26] 亓春红, 张蕾, 孙丽昀. 财务管理实务 [M]. 北京: 北京理工大学出版社, 2019.

[27] 林自军, 刘辉, 马晶宏. 财务管理实践 [M]. 长春: 吉林人民出版社, 2019.

[28] 周浩, 吴秋霞, 祁麟. 财务管理与审计学习 [M]. 长春: 吉林人民出版社, 2019.

[29] 吴朋涛, 王子烨, 王周. 会计教育与财务管理 [M]. 长春: 吉林人民出版社, 2019.

[30] 李怀宝, 赵晶, 白云. 财务管理 [M]. 长沙: 湖南师范大学出版社, 2018.

[31] 刘静, 徐莉, 欧阳春. 财务管理 [M]. 南昌: 江西高校出版社, 2018.

[32] 韦绪任. 财务管理 [M]. 北京: 北京理工大学出版社, 2018.

[33] 李艳, 张霞, 李春蕊. 财务管理 [M]. 延吉: 延边大学出版社, 2018.

[34] 田瑞, 张楠. 财务管理 [M]. 西安: 西安交通大学出版社, 2018.

[35] 黄娟. 财务管理 [M]. 重庆: 重庆大学出版社, 2018.

[36] 肖作平. 财务管理 [M]. 沈阳: 东北财经大学出版社, 2018.

[37] 王欣荣, 唐琳, 刘艺. 财务管理 [M]. 上海: 上海交通大学出版社, 2018.